FRANÇOISE VERGÈS
UMA TEORIA FEMINISTA DA VIOLÊNCIA

Por uma política antirracista da proteção

TRADUÇÃO
RAQUEL CAMARGO

9   Introdução

19 1. A VIOLÊNCIA NEOLIBERAL

51 2. A ABORDAGEM CIVILIZATÓRIA DA PROTEÇÃO DAS MULHERES

77 3. O IMPASSE DO FEMINISMO PUNITIVISTA

125 Conclusão
    O FEMINISMO DECOLONIAL COMO UTOPIA

157 Sobre a autora

Escrever é estar em dívida, em dívida com todas as autoras e todos os autores de obras, poemas, romances, filmes e instalações artísticas; com os/as militantes que investigaram, analisaram e teorizaram as opressões de classe, raça, gênero e sexualidade, as opressões coloniais, imperialistas, capitalistas, de gênero e sexuais. Reconheço aqui minha dívida: ela é imensa.

Introdução

"O Estado opressor é um macho estuprador."

O estuprador é você
São os policiais, os juízes, o Estado, o presidente
O patriarcado é um juiz que nos julga por nascer
E nosso castigo é a violência que se vê
É o feminicídio, a impunidade para o meu assassino
É o desaparecimento, é o estupro
E a culpa não era minha, nem de onde estava, nem do que vestia
O estuprador é você
São os policiais, os juízes, o Estado, o presidente
O Estado opressor é um macho estuprador.

Essas palavras, repercutidas mundialmente, ritmaram a performance militante *Un violador en tu camino* [Um estuprador no seu caminho].[1] As autoras do texto, Dafne Valdés, Paula Cometa, Sibila Sotomayor e Lea Cáceres – quatro das fundadoras do coletivo chileno Las Tesis – apontam o dedo para os ver-

---

[1] Diane Sprimont, "'Un violador en tu camino': Voici les paroles en français du chant féministe chilien devenu hymne mondial". *France Inter*, 10 dez. 2019. Justine Fontaine, "Au Chili, le slam qui blâme les violeurs". *Libération*, 20 dez. 2019. [O canto de protesto criado pelo coletivo chileno Las Tesis também foi entoado em diversas cidades do Brasil. – N. T.]

dadeiros responsáveis pelos estupros e feminicídios: a polícia e o Estado. Esse canto, entoado no âmbito de um movimento social contra as políticas neoliberais por um coletivo que participava das manifestações, em um contexto de forte violência policial, testemunha a recusa em deixar de se solidarizar com o movimento sob pretexto de proteger as mulheres: "Está fora de questão dizer que a polícia chilena protege as mulheres, é por isso que nós a acusamos, para colocar em evidência a contradição, como uma forma de ironia", elas relatam ao jornal *Verne*.[2] Como ressalta a filósofa Elsa Dorlin, sendo o Estado "o principal instigador da desigualdade", sendo ele "justo o responsável por armar aqueles que *nos* golpeiam", "é inútil demandar justiça ao Estado, a primeira instância a institucionalizar a injustiça social".[3] Nesse sentido, a luta contra as violências não pode se abster de uma crítica às violências promovidas e legitimadas pelo Estado, tampouco de uma crítica às reivindicações feministas dirigidas ao Estado e à justiça. Qual resposta dar às violências sexistas e sexuais multiformes quando os "corpos racializados, os corpos femininos, os corpos pobres ou os corpos jovens possuem menos valor nesta fase de reatualização necroliberal",[4] quando são corpos sacrificáveis?

---

[2] Darinka Rodriguez, "Ellas son las chilenas que crearon 'Un violador en tu camino'". *Verne*, 28 nov. 2019. D. Sprimont, "Un violador en tu caminho", op. cit.

[3] Elsa Dorlin, *Autodefesa: uma filosofia da violência* [2017], trad. Jamille Pinheiro Dias e Raquel Camargo. São Paulo: crocodilo edições / Ubu Editora, 2020, p. 102 [grifo do original].

[4] Entrevista de Sayak Valencia a Luis Martínez Andrade, "La Violence devient un écosystème et un système de production de sens: la mort", trad. Ella Bordai. *Revue d'Études Décoloniales*, 3 nov. 2019.

Como instância reguladora da dominação econômica e política, o Estado é a condensação de todas as opressões e explorações imperialistas, patriarcais e capitalistas. A instituição estatal está, portanto, longe de desempenhar um papel menor na organização e na perpetuação da violência contra as mulheres e contra as pessoas pobres e racializadas. Nesses últimos anos, o patriarcado neoconservador e neoliberal, que foi encarnado por diversos chefes de Estado (Donald Trump, Jair Bolsonaro, Matteo Salvini etc.), impôs recuos drásticos aos direitos das mulheres tanto no âmbito da vida pessoal como no mundo do trabalho; ele sustenta e encoraja o ódio contra minorias, trans, *queer*, trabalhadores/as do sexo, racializados/as, migrantes, mulçumanos/as. A renovação patriarcal está indissoluvelmente ligada ao capitalismo neoliberal, que não para de minar as conquistas sociais, de uberizar e precarizar. Essa economia, por si só, gera sua cota de violências, discretas, mas reais: exaurimento dos corpos, da terra e dos mares em benefício do lucro; redução drástica da expectativa de vida dos mais frágeis. Tal virada patriarcal e neoconservadora torna-se ainda mais violenta uma vez que se apoia, com frequência, no capitalismo racial, caracterizado com precisão pela morte prematura das pessoas não brancas, como mostra Ruth Wilson Gilmore.

Pois o racismo, escreve Gilmore, é "a produção e a exploração sancionadas pelo Estado, ou por práticas extralegais, de uma vulnerabilidade à morte prematura".[5] Em outras palavras, mulheres e homens morrem mais cedo em razão do racismo que, desde o nascimento, fragiliza o acesso à saúde e os isola

---

5 Ruth Wilson Gilmore, *Golden Gulag: Prisons, Surplus, Crisis and Opposition in Globalizing California*. Berkeley: University of California Press, 2007, p. 247.

em empregos que muito rapidamente exaurem seus corpos. Como observou Stuart Hall, o racismo que atravessa as relações de classe é um elemento central na análise das violências sistêmicas que contribuem para taxas de mortalidade fortemente diferenciadas em função do pertencimento social e racial.

Um feminismo decolonial não pode isolar as "violências contra as mulheres" ou contra as "minorias" de um estado global das violências: o suicídio maciço de crianças nos campos de refugiados/as, o uso maciço do estupro por policiais e militares nos conflitos armados, o racismo sistêmico, o exílio de milhões de pessoas devido à multiplicação de zonas de guerra e às condições econômicas e climáticas que tornaram a vida impossível, os feminicídios, a precarização ininterrupta. Como enfrentar apenas uma parte dessas violências sem nos preocuparmos com as outras? Ainda podemos fingir não ver que todas essas violências se reforçam mutuamente e que aquelas que atingem mais diretamente as mulheres são fruto de uma sociedade violenta? A recente mobilização contra as violências de gênero e sexuais oferece uma oportunidade teórica e prática: fazer dessas violências o próprio campo no qual o capitalismo patriarcal será desafiado.

Neste livro, evito considerar o patriarcado sob o prisma de mulheres vítimas / homens algozes – ainda que, entre os últimos, muitos mereçam incontestavelmente esse qualificativo. O que proponho é uma crítica do recurso à polícia e à judicialização dos problemas sociais, isto é, do recurso espontâneo ao sistema penal para proteger as chamadas populações vulneráveis. Minha análise não traz soluções para acabar com as violências de gênero e sexuais – cuja denúncia mostra amplitude nos dias de hoje –, mas visa contribuir para a reflexão sobre a violência como componente estruturante do patriarcado e do capitalismo, e não como uma especificidade masculina. Esta obra tenta imaginar uma sociedade pós-violenta; não uma sociedade sem conflitos nem contradições, mas uma sociedade que não naturalize a violência, não a celebre, não faça dela o tema central da sua narrativa sobre o poder. Neste livro, busco responder aos seguintes questionamentos: como implementar uma desracialização e uma despatriarcalização das políticas de proteção? Por que a proteção das meninas e mulheres se tornou um argumento que permite reforçar o campo de ação da polícia e do judiciário? Quais são os fundamentos do feminismo carcerário? Como explicar a proliferação de medidas e leis de proteção às mulheres enquanto a precarização das leis destinadas às classes populares e às comunidades racializadas só aumenta? Por que as feministas, em um contexto de militarização acelerada do espaço público, almejam atribuir maior poder a uma polícia (racista)?

Esses questionamentos puxam outros. Quem são essas mulheres que o Estado patriarcal considera legítimo proteger? Como explicar a diferença estabelecida pelo Estado entre as crianças que têm direito a uma infância protegida e as que não têm? Qual é o papel do Estado na reprodução das violências contra as mulheres? O que seria uma política feminista decolonial que tenta fazer com que o medo "mude de lado"? A proteção deve ser baseada na repressão? Para termos espaços onde circular livremente, devemos aumentar as medidas de proteção militarizada, como muros, fronteiras, vigilância, poder reforçado da polícia, liberação do direito de se valer da força armada?

Uma política da proteção feminista e decolonial

Toda sociedade organiza formas de proteção: para recém-nascidos/as, crianças, doentes, pessoas idosas etc. O Estado, pouco a pouco, se viu incumbido da organização de instituições de proteção. Outros trabalhos realçaram os limites desse modelo e propuseram formas alternativas de proteção à infância, às pessoas doentes e/ou idosas, às trabalhadoras, à natureza. A estatização da proteção, sua burocratização, militarização e marginalização, quando não o apagamento de práticas comunitárias, não são diretamente o objeto deste livro. Buscamos, antes, pensar a proteção fora da repressão, da vigilância, da prisão e do paternalismo desenvolvimentista. Poderíamos, de antemão, opor a esse projeto a seguinte ressalva: mesmo rompendo com a estrutura racializada da sociedade e com o capitalismo, a violência contra as mulheres não desapareceria por completo, porque ela não é produzida exclusivamente por tais estruturas. Isso é uma evidência, mas não podemos subestimar o quanto o colonialismo e o capitalismo contribuíram para a gênese e a renovação do patriarcado. Sob a égide do colonialismo, o patriarcado foi racializado; um homem podia ser um tirano doméstico, mas, no espaço público, não passava de um negro, um árabe, um asiático – ou seja, ele nem mesmo podia reivindicar por completo a denominação "homem". As leis coloniais criminalizaram a homossexualidade, as identidades de gênero não binárias e os arranjos familiares que não obedeciam às normas da família patriarcal burguesa branca; separaram as crianças de suas famílias para "civilizá-las". O colonialismo racializou as sexualidades e os gêneros, impôs padrões de beleza feminina e masculina. Hoje, essas representações e práticas não desapareceram. Na França, na segunda metade do século xx, durante as grandes migrações pós-coloniais, elas contribuíram para definir as políticas de migração familiar e o lugar das mulheres nessas políticas; nos "ultramarinos",[6] justificaram que bebês e crianças fossem arrancados da família e mandados à França (o caso das 2.500 crianças reunionenses enviadas para os departamentos rurais da França, conhecidas como "as crianças de Creuse") e instituíram a islamofobia nos moldes franceses, passando pela estigmatização e discriminação das mulheres que usam véu, pela criminalização de adolescentes negros/as e árabes e pela instauração de fato (se não de direito) de uma permissão para matar homens negros e árabes.

Refletir sobre uma política de proteção a partir de análises feministas decoloniais e antirracistas implica reconhecer a necessidade de proteção dos seres humanos (bebês, crianças, pessoas idosas, pessoas em situação de vulnerabilidade) sem os transformar em vítimas, sem fazer da fraqueza um defeito.

Para o neoliberalismo, o corpo que apresenta bom desempenho é o do homem branco, em plena posse de uma força física normatizada como masculina, que se levanta cedo, faz sua corrida, se alimenta de orgânicos e trabalha, sem contar as horas, para o sucesso econômico. O que essa representação do corpo válido esconde é que seu desempenho só é possível por meio do trabalho de corpos racializados – as trabalhadoras da limpeza que limpam sua academia, seu escritório, o restaurante onde ele marca seus almoços de negócio, o hotel onde ele encontra seus amigos, seus amores ou um/a trabalhador/a do sexo, o trem ou o avião que ele pega, a sala onde ele dá aulas, a casa onde encontra sua família –, de todas essas mulheres que foram invisibilizadas e cujo corpo se exaure para que o dele

---

[6] Departamentos e territórios ultramarinos da França. [N. T.]

floresça. Os homens racializados são os vigias do seu mundo; as populações do Sul global fornecem a ele e a sua família os objetos do seu conforto. O corpo válido é protegido por toda uma série de medidas policiais, também elas invisíveis porque naturalizadas, que garantem sua proteção – casas vigiadas, câmeras de segurança, constante presença da polícia... Por sua vez, a mulher branca burguesa muitas vezes compra o seu conforto graças à exploração das meninas e moças do Sul global – as roupas *fast fashion* que lhe permitem estar na moda, a babá de suas crianças, as faxineiras que limpam o mundo onde ela circula, as enfermeiras exploradas, as trabalhadoras do sexo que satisfazem seu parceiro. Encerrados em seus enclaves, os corpos válidos excluem os corpos considerados ameaçadores – que só entram em seu mundo com permissão, sob pena de serem interpelados sem motivo e impunemente.

Uma política decolonial e antirracista da proteção é decididamente anticapitalista e despatriarcalista, pois vê nesses dois regimes o cadinho das violências sistêmicas praticadas contra as mulheres. Ela busca imaginar o que seria uma política do sossego: entender por que a paz não designa um estado duradouro, mas uma simples calmaria entre dois conflitos armados; por que a guerra é tão facilmente concebida como resposta a todo conflito e mesmo como o único meio de trazer a paz. Essa naturalização da brutalidade, da "continuação da política por outros meios" (armados), deve ser integrada a toda análise feminista decolonial antirracista da violência. Se aderirmos à ideia de que as sociedades são inevitavelmente saturadas pela violência, torna-se completamente ilusório imaginar uma sociedade pós-violenta e uma política feminista decolonial e antirracista da proteção.

Junto com as mulheres nativas da América Central e do Sul, eu defendo uma *despatriarcalização* e uma decolonização da proteção; uma alternativa à proteção patriarcal e estatal, esse vasto campo investido pelo Estado, pelas milícias privadas, pela polícia, pelos tribunais, pela economia e pelo feminismo civilizatório;[7] uma política inspirada em experiências de comunidades, grupos militantes e profissionais da saúde, direito e educação que reinvestiram no campo da proteção. Afirmar que as políticas estatais e neoliberais da proteção são racializadas não implica dizer que as mulheres das classes burguesas não sejam alvo de espancamentos, estupros e assassinatos. Mas interrogar a proteção pelo viés da classe, da raça e da heteronormatividade amplia nosso campo de ação. Esta obra, portanto, vai na contramão do feminismo carcerário e punitivista que, na definição de Elizabeth Bernstein, designa um movimento do feminismo em favor da ampliação da esfera penal e que recorre à penalização de certos atos, sem questionar quem está sendo criminalizado.[8]

O patriarcado é abordado aqui como uma estrutura de dominação na qual os homens investem de diferentes formas. Chefes de Estado adotam um patriarcado "soft", feminista e humanista, que contrasta com um patriarcado vulgar, racista, homofóbico e transfóbico, o qual se gaba de agarrar as "mulheres

---

[7] Conceito desenvolvido em Françoise Vergès, *Um feminismo decolonial* [2019], trad. Jamille Pinheiro Dias e Raquel Camargo. São Paulo: Ubu Editora, 2020.
[8] Elizabeth Bernstein, "The Sexual Politics of the 'New Abolitionism'". *Differences*, v. 18, n. 5, 2007. Ver também id., "Militarized Humanitarianism Meets Carceral Feminism: The Politics of Sex, Rights, and Freedom in Contemporary Antitrafficking Campaigns". *Signs: Journal of Women in Culture and Society*, v. 36, n. 1, 2010.

pela buceta"[9] e de desprezar as instituições do Estado. Mas ambos dão continuidade à mesma política neoliberal, ambos defendem a economia extrativista, ambos persistem em difundir a grande narrativa ocidental do progresso infinito que, sabemos, está historicamente fundada na exploração dos povos e recursos do Sul global. Esses dois patriarcados compartilham o mesmo desprezo pelas classes populares (mas mentem para elas de forma diferente), o mesmo desejo de ser adulado e a mesma vontade de domesticar as instituições.

---

9 A autora remete à expressão "*grab them by the pussy*" (agarre-as pela buceta), usada por Donald Trump para descrever estratégias para seduzir mulheres. A gravação de 2005 na qual Trump a pronunciou foi divulgada durante a campanha presidencial estadunidense de 2016. [N. T.]

1
A VIOLÊNCIA NEOLIBERAL

Movimentos feministas e ascensão do neoliberalismo

No âmbito do feminismo, os debates em torno das vinculações entre Estado e patriarcado ou entre patriarcado e capitalismo nunca deixaram de existir. Muito cedo, algumas correntes questionaram a ideia de que a polícia e os tribunais agiam da mesma forma em relação a todas as mulheres. O conceito de "mulheres", concebido para descrever uma realidade que se pretendia homogênea, lança luz sobre o caráter global de uma opressão, mas oculta sua gestão com base na diferença. Nos anos 1970, no Sul global e no Norte, movimentos feministas se organizaram contra o Estado patriarcal e contra o machismo, o virilismo[1] e o sexismo dos partidos, sindicatos e movimentos sociais. Eles reescreveram a história das lutas das mulheres, restituíram seu lugar nos movimentos revolucionários e anticolonialistas, tornaram visíveis as imbricações entre a exploração das mulheres e a exploração das terras e dos povos, entre o imperialismo e a vulnerabilização das mulheres, debateram sexualidades, corpos e representações. No Sul e no Norte, feministas questionaram uma ideologia feminista ocidental que se dizia universalista e que almejava falar em nome

---

[1] Nos contextos utilizados pela autora, o termo assume um sentido político que remete ao culto à virilidade. [N. T.]

de todas as mulheres. Ao longo dos encontros internacionais, manifestaram-se dissensos entre esse feminismo ocidental e os feminismos que, principalmente no Sul, insistem nos vínculos entre capitalismo, imperialismo, racismo e opressão das mulheres; nos modos como as classes sociais e as formas de racialização interagem. Em 1985, durante a III Conferência Mundial sobre a Mulher, em Nairóbi, essa posição foi claramente formulada no Fórum de ONGs por Angela Davis, que declarou:

> não podemos militar pela igualdade das mulheres sem reconhecer que elas, oprimidas como mulheres, também são oprimidas em razão de suas origens raciais e sociais. Algumas dirão: "Vamos esquecer isso! Somos todas irmãs, devemos nos unir para além das nossas determinações de classe e raça". Eu acredito de fato que devemos nos dar as mãos, mas a especificidade da nossa opressão deve ser reconhecida. E as nossas lutas não são as mesmas.[2]

E complementou ressaltando que Maureen Reagan, filha do presidente Ronald Reagan que estava lá para representar as mulheres dos Estados Unidos, "não me representa" e que a nomeação da primeira mulher para a Suprema Corte dos Estados Unidos (Sandra O'Connor) "não é uma vitória, mas uma derrota", pois ela votara contra os direitos reprodutivos. As pautas feministas são, portanto, inevitavelmente diferentes. Nos anos 1970–80, feministas negras, latinas, africanas, asiáticas e "do Terceiro Mundo", intelectuais e ativistas, teorizaram sobre as imbricações das opressões. As universidades e as instituições governamentais e internacionais incluíram em seu

---

[2] Angela Davis, in Françoise Dasques (dir.), *Conférence des femmes: Nairobi 85*. France: Centre Audiovisuel Simone de Beauvoir, 1985.

escopo curricular os estudos de gênero, os estudos feministas e os estudos femininos; essa inclusão é vista por algumas feministas como uma institucionalização que, a longo prazo, pode enfraquecer as lutas. Essas décadas de intenso trabalho teórico e mobilização, que não poderiam ser resumidas aqui, trouxeram progressos à vida das mulheres do Sul – e do Norte. O que ficou claramente visível no fim dos anos 1970 é que existem *feminismos*, alguns ancorados nas lutas anti-imperialistas e antirracistas, defendendo um feminismo radical e de libertação, outros reformistas, outros lutando para entrar no exército, no mundo das finanças... Embora existam conexões entre o feminismo radical e o feminismo reformista, o primeiro rejeita toda e qualquer aliança com o feminismo de Estado. Mesmo que partidos, sindicatos e movimentos sociais, que resistiam a todo tipo de questionamento sobre seu machismo, tenham acabado por aceitar um feminismo, os laços entre racismo e sexismo permanecem marginalizados. Mas, pouco a pouco, governos e instituições foram percebendo que, diante da entrada maciça das mulheres no mundo do trabalho assalariado, seria interessante absorver algum tipo de feminismo. Nos anos 1980, um feminismo civilizatório e universalista conseguiu se impor em nível internacional, minimizando a importância dos feminismos de perfil mais combativo, que, no entanto, não desapareceram. O debate sobre os laços entre patriarcado, capitalismo e protecionismo estatal está longe de se esgotar.

Naquelas décadas, operou-se outra grande mudança: o neoliberalismo. Essa etapa do capitalismo levou à privatização de bens e serviços públicos; à desregulação das finanças e à garantia de uma grande rentabilidade de curto prazo para os acionistas; à aplicação de soluções técnicas para os problemas sociais; à difusão de uma retórica de mercado para legitimar a norma da rentabilidade e da flexibilidade e neutralizar toda e qualquer oposição; a uma exacerbação do extrativismo. Os programas de ajuste estrutural impostos ao Sul global pelas instituições mundiais, regidas pela lógica do mercado, tiveram consequências devastadoras principalmente para as mulheres racializadas das classes populares e para as populações autóctones. Mesmo que, desde 1975, "as mulheres mostrem, embasadas em dados, que as políticas fundadas no modelo único da economia liberal sejam nocivas a um desenvolvimento sustentável, e mais ainda às mulheres africanas",[3] poucas economistas feministas francesas se ativeram às consequências dos fenômenos de reestruturação para as mulheres do Sul global.[4] Ou talvez devêssemos dizer que os efeitos do neoliberalismo não foram profundamente discutidos pela teoria feminista na França, à exceção de alguns grupos ligados à extrema esquerda. Esse "silêncio conceitual" provavelmente explica a dificuldade que, nos anos seguintes, algumas feministas tiveram em revisar sua teoria universalista. Elas negligenciaram o impacto dessas políticas não apenas para as mulheres do continente africano mas também para as mulheres dos chamados territórios ultramarinos, onde a política governamental de desindustrialização, nos anos 1960, levou a um desemprego ao qual o governo respondeu com uma política de emigração maciça, composta principalmente de mulheres jovens. Para os autores dos programas de ajuste estrutural, cabe às mulheres suportar a crise do capitalismo e as decisões tomadas pelos governos do Sul sob pressão das medidas econômicas ou após o abandono dos programas de independência. No Norte, o fechamento de fábri-

---

3 Jeanne Bisilliat, "Les Logiques d'un refus: les femmes rurales africaines et les politiques d'ajustement structurel". *Les Cahiers du Genre*, n. 21, 1998, p. 100.
4 Ibid.

cas (principalmente das que empregavam mulheres – têxteis, de utensílios domésticos), o crescimento das indústrias de serviço e de cuidado (que empregam maciçamente a mão de obra mal paga e precarizada de mulheres racializadas) e o desenvolvimento do trabalho em tempo parcial (no qual 80% das pessoas empregadas são mulheres) levam a uma precarização ainda maior. Os termos "insegurança" e "periculosidade", que gradativamente aparecem na linguagem política, contribuem para justificar mais polícia, mais controle, mais vigilância e menos proteção.

A questão não é tanto que a violência sistêmica seja algo novo – a longa história dos genocídios, massacres, pilhagens e destruições é prova de que o capitalismo sempre teve uma dimensão colonial, racial, globalizante e imperialista –, e sim que a hiperglobalização e o crescimento da sua lógica extrativista possuem impactos fortemente negativos na expectativa de vida de muitas populações. Os progressos obtidos pelas lutas nas áreas de educação, saúde e formação são enfraquecidos, particularmente no Sul global. Ainda que neste haja hoje menos mortalidade infantil e a expectativa de vida seja um pouco maior, as pessoas respiram um ar muito mais poluído, bebem uma água muito mais poluída e são com maior frequência vítimas de epidemias, do endividamento, do colapso dos serviços de saúde e educação e das consequências dos desajustes climáticos provocados pelo extrativismo. Confrontadas com essas perturbações, as feministas reagem de forma diferente. No Norte se desenvolve um feminismo civilizatório, estatal e pretensamente universalista, para o qual as políticas de segurança e imperialistas não configuram um incômodo. Esse feminismo opera uma pacificação da "causa das mulheres", que muito em breve não assustará mais ninguém. Enquanto em 1978, durante um julgamento do estupro em Aix-en-Provence, a imprensa francesa ainda podia escrever que "as mulheres são abertamente terroristas ou secretamente feministas",[5] nos anos 1990 a causa das mulheres se torna não apenas aquilo que o marketing chama de fórmula preestabelecida, mas um novo objeto de políticas públicas. Pacificada, "a igualdade homens-mulheres" pode encontrar o seu lugar no governo.

Contra esse feminismo pacificador e cúmplice do capitalismo e do patriarcado, feministas persistem em analisar as imbricações, interações e interseções entre vários níveis de opressão. Feministas *queer*, muçulmanas e autóctones unem suas vozes a essas teorias. Na perspectiva delas, as violências de gênero e sexuais não podem ser analisadas e combatidas fora de uma análise mais ampla das condições que propiciam o desencadeamento de tais violências. A violência é, portanto, "a consequência lógica de um Estado que estruturalmente oprime as mulheres e as relega a uma posição minoritária".[6]

Capitalismo *gore*, estupros e política do assassinato

A análise das violências de gênero e sexuais não pode desconsiderar as profundas transformações que produziram o mundo no qual vivemos – aumento das desigualdades, concentração de riquezas nas mãos de poucos, destruição acelerada das condições de vida, políticas de assassinato e devastação. Desvincular a situação das mulheres do contexto global de naturalização da violência perpetua uma divisão que favorece o patriarcado e o capitalismo, pois implica identificar e punir os "homens violentos", naturalizar a violência de alguns sem atacar as estruturas que produzem essa

[5] Ver "Procès d'Aix contre le viol", in 8mars.info.
[6] E. Dorlin, *Autodefesa*, op. cit., p. 102.

abominação. Em um contexto no qual o neoliberalismo, enquanto exige a redução drástica do orçamento público, pressiona pelo fortalecimento da polícia e por mais verba para exército e presídios, não seria imprescindível questionar as reivindicações de proteção tal como são formuladas na maioria das vezes?

O estupro funda a dominação heteronormativa virilista. Na guerra que o Estado e o capital travam contra quem luta por justiça e dignidade, o estupro é uma arma nas mãos do Estado. De fato, como "mais do que nunca o anticapitalismo militante e a solidariedade internacional se tornaram características cotidianas do ativismo", o Estado "reage com veemência" e individualiza as revoltas para criminalizá-las.[7] O estupro sempre foi uma arma de guerra (e da guerra colonial, principalmente): não há colonização sem estupros, não há guerra colonial sem estupros, não há ocupação imperialista sem estupros. Ele também faz parte do arsenal de repressão aos movimentos sociais; seja no Cairo, em Santiago, em Bagdá ou outras localidades, a polícia e o exército, em total impunidade, recorrem ao estupro e às violências de gênero e sexuais. Essa impunidade vem de longe, está enraizada na ideologia da guerra colonial racial. Benoist Rey, em *Les Égorgeurs* [Os degoladores], dá seu testemunho como soldado francês na Guerra da Argélia:

> Estamos nos aproximando de outro povoado. Ouço então o aspirante P. gritar ao seu pelotão: "Vocês podem estuprar, mas sejam discretos!" [...]. À noite, enquanto voltava, eu soube que uma jovem muçulmana de quinze anos havia sido estuprada por sete solda-

---

[7] Allen Feldman, *Formations of Violence: The Narrative of the Body and Political Terror in Northern Ireland.* Chicago: University of Chicago Press, 1991, apud R. W. Gilmore, *Golden Gulag*, op. cit., p. 25.

dos e outra, de treze anos, por três outros homens. Naquela noite, chorei minhas primeiras lágrimas de homem."[8]

Em 2016, as Nações Unidas finalmente admitiram que suas tropas haviam cometido estupros no Haiti, na República Democrática do Congo, na Costa do Marfim, no Sudão do Sul e no Mali.[9]

A escassez de pesquisas sobre as violências sexuais e sexistas perpetradas contra homens e rapazes em situações de conflito e pós-conflito obscurece o fato de que elas estão mais disseminadas do que se admite. Não se trata, em hipótese alguma, de minimizar o aspecto maciço dos estupros das mulheres, e sim de compreender que o estupro, como arma de dominação racial e virilista, visa destruir mulheres, moças e meninas, mas também homens, rapazes e meninos. Embora esses casos sejam pouco estudados – por medo de que os estupros de mulheres sejam marginalizados, porque o estupro de homens cometido por homens muitas vezes permanece indizível e, finalmente, porque falta vocabulário para abordá-lo –, a incorporação dos estupros de homens racializados, gays, trans e trabalhadores do sexo à análise das violências de gênero e sexuais mostra que o estupro é indissociável do imperialismo e do racismo; é indissociável da dominação heteronormativa virilista. Em 2004, o relatório sobre a tortura de detentos iraquianos em Abu Ghraib revelou que os soldados estadunidenses ameaçaram e sodomizaram "um detento com um bastão de luz química e, possivelmente, com uma vassoura".[10] O fato de as

---

8 Benoist Rey, *Les Égorgeurs*. Saint-Georges-d'Oléron: Les Éditions Libertaires, 2012, p. 15.
9 Le Monde e AFP, "Casques bleus accusés d'abus sexuels: l'ONU fait monter la pression sur les pays fournisseurs de troupes". *Le Monde*, 18 mai. 2016.
10 Um relatório revelou que alguns soldados praticaram, contra presos iraquianos, torturas que consistiam em bater neles "com um cabo de vassoura

mulheres serem mobilizadas para torturar sexualmente homens muçulmanos não é algo surpreendente no arsenal de práticas imperialistas. A bem da verdade, "o uso explícito de mulheres – por serem mulheres – nos interrogatórios militares para provocar um sentimento de angústia nos homens corresponde efetivamente a uma tática autorizada, chamada de 'extensão territorial' da mulher-soldado".[11] À visão orientalista do Islã junta-se uma "instrumentalização, por parte do Estado, da identidade sexual, da sexualidade e da diferença sexual".[12] A participação de mulheres nos dispositivos de dominação levanta questões éticas e políticas. A agressividade feminina não pode ser "consequência única de sua psicose ou de sua vitimização", escreve a artista Coco Fusco, que prossegue:

> a ideologia neoconservadora promete acesso ao poder político a quem desejar renunciar à sua identificação com os "interesses particulares" de uma minoria e, ao mesmo tempo, tira proveito, sobretudo econômico, da presença das mulheres e minorias e da diferença sexual ou étnica que tal presença manifesta em plena luz do dia.[13]

---

e uma cadeira; ameaçar de estupro os detentos do sexo masculino; permitir que um guarda da polícia militar espetasse as feridas de um preso que se machucou após ter sido jogado contra a parede de sua cela; sodomizar um detento com um bastão de luz química e, possivelmente, com uma vassoura; utilizar cães militares para aterrorizar e intimidar os presos com ameaças de ataque e, em um caso, para de fato morder um detento". Ver o artigo de Seymour Hersh, "Torture at Abu Ghraib". *The New Yorker*, 30 abr. 2004.
11 Coco Fusco, *Petit Manuel de torture à l'usage des femmes soldats*. Paris: Les Prairies Ordinaires, 2008, p. 57.
12 Ibid., p. 63.
13 Ibid., p. 95.

Os sobreviventes das prisões iraquianas relatam relações sexuais forçadas pelo ânus e pela boca, espancamentos nos genitais (e castração), relações sexuais forçadas pelo agressor por todos os orifícios do corpo (por exemplo, nariz, orelha, boca e ânus) e introdução de objetos, como varas e pistolas, em diversos orifícios. Aqueles que escaparam das prisões ou dos campos no Congo contam que foram forçados por soldados a assistirem ao estupro de sua mulher, filha ou outro membro da família e/ou que foram coagidos a agredir sexualmente sua mãe, filha ou outro membro da família.[14] Em 2014, oitivas no Senado estadunidense revelaram que oficiais da CIA realizaram procedimentos de alimentação retal em "detidos pela CIA" em Guantánamo. Esses presos "receberam alimentação retal com bebidas nutricionais Ensure, que contêm gorduras e proteínas"; "oficiais também prepararam para Majid Khan um 'enema-almoço' composto 'de húmus, macarrão com molho, nozes e uvas passas [que foi] liquefeito e administrado pelo reto'".[15] Esse procedimento, declarou um oficial, é um "meio eficaz de modificar o comportamento" do preso, pois, segundo os médicos, propicia um "controle total sobre o detento".[16] A "masculinidade normativa a serviço do Estado e

---

[14] Mervyn Christian et al., "Sexual and Gender Based Violence Against Men in the Democratic Republic of Congo: Effects on Survivors, their Families and the Community". *Journal of Medicine, Conflict and Survival*, v. 27, n. 4, 2011, p. 233.
[15] Ver Daniel Summers, "'Rectal Feeding' Has Nothing to Do with Nutrition and Everything to Do with Torture". *Daily Beast*, 14 abr. 2017. Hayes Brown, "CIA Used 'Rectal Feeding' as Part of Torture Program". *BuzzFeed News*, 9 dez. 2014. Brian Merchant, "Rectal Feeding: The Antiquated Medical Practice the CIA Used for Torture". *Motherboard – Vice*, 9 dez. 2014. Alan Yuhas, "Controversial 'Rectal Feeding' Technique Used to Control Detainees' Behaviour". *The Guardian*, 9 dez. 2014.
[16] Ibid.

da sua cartografia política e econômica" transforma-se simplesmente em "máquina de guerra potencial".[17] Outro relatório do Senado estadunidense do mesmo ano identificou que "alguns problemas de saúde de que sofre Mustafa al-Hawsawi [estão] claramente relacionados a um 'exame retal' realizado com 'força excessiva' enquanto ele estava preso em uma prisão secreta no Afeganistão":[18] "Os arquivos da CIA indicam que um dos detentos, Mustafa al-Hawsawi, foi posteriormente diagnosticado com hemorroidas crônicas, uma fissura anal e um prolapso retal sintomático"; Mustafa al-Hawsawi sofreu um

> estupro anal enquanto esteve detido pela CIA, e os efeitos prolongados dos danos corporais que ele sofreu foram um fator fundamental na sua transferência para uma prisão secreta na Lituânia em 2005. As autoridades lituanas se recusaram a disponibilizar cuidados médicos para as doenças graves de Mustafa al-Hawsawi e de outros prisioneiros, e os Estados Unidos precisaram recorrer aos serviços de outros governos para esses cuidados.[19]

Esses estupros se beneficiaram da cumplicidade dos Estados europeus que abrigaram prisões secretas da CIA. Na França, em 2017, Théo Luhaka, jovem negro de 22 anos, foi condenado a um tratamento médico vitalício depois de ter sido ferido na região do reto pelo bastão retrátil de um policial.[20] Por fim, Sarah Chynoweth,

---

17 Entrevista de S. Valencia a L. M. Andrade, "La Violence devient un écosystème et un système de production de sens: la mort", op. cit.
18 "Les Complicités européennes dans le programme des prisons secrètes de la CIA". *Amnesty International*, 3 fev. 2020.
19 Ibid.
20 Jérémie Pham-Lê, "Affaire Théo: une expertise révèle des séquelles à vie pour le jeune homme". *Le Parisien*, 29 ago. 2019.

em sua pesquisa sobre estupros de homens ruaingas, realizada nos acampamentos militares de Bangladesh, constatou que a "estigmatização com frequência impede os homens e meninos ruaingas de se expressarem, enquanto os numerosos grupos de ajuda não fazem as perguntas certas, deixando desamparados os sobreviventes masculinos da violência sexual".[21] As necessidades dos sobreviventes homens são largamente ignoradas e negligenciadas, ela observa. Esses estupros suscitam no setor humanitário um debate que questiona "se os programas de luta contra a violência sexista deveriam se concentrar principalmente nas mulheres e meninas, que correm mais riscos em situações de crise, ou se deveriam incluir os homens, os meninos e a comunidade LGBTI".[22] Para a companheira de um sobrevivente do Congo, "tocar uma mulher ou um homem dessa forma é a mesma coisa";[23] os homens são estuprados, na sequência das suas companheiras e filhas, por vários homens.[24] A reação das comunidades ao estupro das mulheres e dos homens não é a mesma: as mulheres com frequência são rejeitadas, vistas como objetos que perderam o valor; mas o estupro dos homens também é uma arma de destruição: "Eles estupram para nos humilhar, para demonstrar seu poder, sua capacidade de dominar tudo, de destruir os homens, sua masculinidade e nossa cultura, de destruir as famílias e exibir a fraqueza dos homens e sua impotência para proteger a família

---

21 Verena Hölzl, "Male Rape Survivors Go Uncounted in Rohingya Camps". *The New Humanitarian*, 4 set. 2019. Ver também o relatório da Women's Refugee Commission: "'It's Happening to Our Men as Well': Sexual Violence against Rohingyas Men and Boys", 8 nov. 2018.
22 V. Hölzl, "Male Rape Survivors Go Uncounted in Rohingya Camps", op. cit.
23 M. Christian et al., "Sexual and Gender Based Violence Against Men in the Democratic Republic of Congo", op. cit., p. 233.
24 Ibid., p. 234.

e a si próprios".[25] Falar sobre o estupro de homens não diminui em nada, repita-se, o horror dos estupros de mulheres e seu componente sistêmico. Mas o fato de reconhecer cada vez mais o seu papel na tortura e no sistema de dominação, de denunciar torturas anais, contribui para uma análise do estupro como expressão de poder. A violência brutal, cruel, é uma forma de governo, um regime de existência. Para a intelectual e ativista Sayak Valencia, o capitalismo *gore*[26] institui esse regime de existência. Nesse necroempoderamento, a intimação ao hiperconsumo produz uma brutalidade extrema, permanecer vivo se mede pela capacidade de infligir a morte ao outro.[27] O capitalismo *gore* faz da "masculinidade" uma arma a serviço do seu projeto necropolítico. A "decolonização da masculinidade necropolítica" é, portanto, um "primeiro passo para desnecropolitizar e despatriarcalizar nosso país", escreve Valencia. O homem jovem revoltado, o *narco* (mas pensamos aqui também em outras figuras) que possui os

> recursos materiais para fazer uma revolução armada, como teria gostado Frantz Fanon, [...] não o faz, nem o fará, porque está seduzido pelos aparatos coloniais impostos pelo neoliberalismo e prefere ser um empresário a serviço das lógicas europatriarcais do *self-made man* do que um revoltado. O *narco* não quer ser revolucionário, quer ser empresário. Como sabemos, o empresário quer ter acesso aos benefícios do "branqueamento" do neoliberalismo.[28]

---

[25] Ibid., p. 235.
[26] "*Gore*" significa, literalmente, "sangue derramado" e designa um subgênero cinematográfico de terror que se caracteriza por apresentar violência extrema e explícita, com muito derramamento de sangue. [N. E.]
[27] S. Valencia, *Gore Capitalism*. Pasadena: Semiotext(e), 2018, e-book.
[28] Entrevista de S. Valencia a L. M. Andrade, "La Violence devient un écosystème et un système de production de sens: la mort", op. cit.

A violência dá sentido a uma existência fadada à morte prematura, permite existir em um tempo efêmero tendo acesso ao que se tornou prova de existência. Mulheres, trans, *queer*, trabalhadoras e trabalhadores do sexo são apenas corpos a serem estuprados, traficados, torturados, mortos. Todos esses corpos matáveis são feminizados, no sentido de que são colocados à disposição da dominação: bebês, crianças, adolescentes, adultos/as e pessoas idosas. Nenhuma idade, nenhum sexo, nenhum gênero escapam a essa economia. O "assassinato é agora concebido como uma transação, a extrema violência, como uma ferramenta legítima, a tortura, como um exercício ultrarrentável e demonstração de poder".[29] A análise de Valencia acrescenta uma dimensão feminista do Sul que falta na teoria da necropolítica de Achille Mbembe. Na França, essas práticas existem; elas não pertencem ao passado colonial, estão presentes nas políticas que consistem em

> fechar as fronteiras, capturar úteros, expulsar estrangeiros e imigrantes, negar-lhes trabalho, moradia, saúde, erradicar judeus, islâmicos, negros, encarcerar ou exterminar homossexuais, transexuais... Trata-se, definitivamente, de explicar que determinados corpos da República não devem ter acesso às técnicas de governo em função de sua diferença cultural, sexual, racial, religiosa, funcional, que há corpos que nasceram para governar e outros que são e devem continuar sendo objetos (e nunca sujeitos) da prática governamental.[30]

---

29 S. Valencia, *Gore Capitalism*, op. cit., loc. 1164.
30 Paul B. Preciado, "Necropolítica à francesa" [2013], in *Um apartamento em Urano* [2019], trad. Eliana Aguiar. Rio de Janeiro: Zahar, 2020, p. 94.

Violências do mercado e da precariedade

As noções de vulnerabilidade e precariedade devem ser pensadas com cautela, pois são utilizadas pelos governos e instituições internacionais em uma abordagem sanitária e social que visa manter os vulneráveis a distância e ocultar os processos de ampliação da precariedade que estão em jogo. Em vez de apreender os mecanismos que produzem as vulnerabilidades, difunde-se uma ideologia do empreendedorismo de si, do eu como capital que deve frutificar; a incapacidade de se tornar seu próprio empresário demonstraria a falta de vontade de *se dar bem*. A vida psíquica do neoliberalismo repousa na ideia de que o sucesso está estritamente relacionado ao percurso pessoal, de que o egoísmo é o motor da excelência e da riqueza. Ayn Rand deu a essa ideologia sua filosofia: toda vulnerabilidade e todo sinal de fraqueza devem ser eliminados, pois atravancam o percurso das pessoas talentosas e motivadas – exclusivamente homens brancos. Essa ideologia encoraja uma responsabilidade inteiramente individual, com frequência patriarcal, e reforça um nacionalismo conservador que na maioria das vezes é também patriarcal. Os vulneráveis agora fazem parte (sem surpresa) da nova missão civilizatória, são alvo de uma filantropia paternalista preocupada em impedir a emergência de qualquer nova concepção de habitar o mundo, de ser humano no mundo. Os/as vulneráveis são relegados/as às zonas do não ser contemporâneas – essa vasta "região extraordinariamente estéril e árida, uma encosta perfeitamente nua, de onde pode brotar uma aparição autêntica",[31] zonas onde reina a exploração, onde o uso da violência

---

[31] Frantz Fanon, *Pele negra, máscaras brancas* [1952], trad. Sebastião Nascimento e Raquel Camargo. São Paulo: Ubu Editora, 2020, p. 22.

torna-se lei, onde a política coincide com o assassinato e a extinção se torna a regra. Se o neoliberalismo acusa o indivíduo do seu fracasso, o neofascismo busca um bode expiatório – mas as duas ideologias se cruzam na negação do papel da violência institucional, do Estado e do capitalismo. A análise das práticas de desumanização e vulnerabilização mostra que devemos inevitavelmente pensar e agir com base em várias temporalidades: a reparação das políticas de desumanização e vulnerabilização do passado (inclusive de um passado bastante recente), suas formas contemporâneas e aquelas que se anunciam e cujos impactos já podemos mensurar. Nas ruínas do presente, trata-se de descobrir e experimentar coletivamente práticas populares de humanização e desvulnerabilização – podemos pensar nas teorias feministas negras, africanas e autóctones, principalmente em torno do cuidado, da solidariedade e do meio ambiente, nas práticas e nos discursos de esperança e utopia de onde brotam as autênticas aparições. Nós não temos nenhum "outro lugar" completamente protegido da violência sistêmica, mas temos uma cartografia das falhas, dos interstícios, dos espaços fragilmente protegidos, opacos, onde é possível desenvolver práticas que não estão fundadas no cálculo e no valor de mercado.

Significa que precisamos resistir a toda uma economia do esgotamento na qual "a pilhagem e a espoliação do feminino" se manifestam de duas formas: por um lado, "uma destruição corporal sem precedentes" e, por outro, "o tráfico e a comercialização, levados ao extremo, do que esses corpos podem oferecer. Pratica-se a ocupação predatória dos corpos femininos e feminizados em uma dimensão jamais vista".[32] As abordagens

---

[32] Rita Laura Segato, "Género y colonialidad: en busca de claves de lectura y de un vocabulario estratégico descolonial". Simpósio Internacio-

teóricas, tendo mostrado que a mercantilização afeta agora todos os níveis dos seres vivos, ressaltam o quanto as políticas de morte se dissimulam sob o discurso da modernidade, do progresso, do mercado – a questão é também a de reconhecer o poder de sedução dessas retóricas, mesmo para indivíduos e grupos que foram vítimas de tais ideologias: ser excluído/a do poder não "necessariamente previne contra os seus feitiços".[33]

Se a violência colonial outrora permitiu a aquisição rápida de riquezas, o capitalismo *gore* fez disso uma estratégia global. "Não há McDonald's sem McDonnell Douglas [fabricante do caça F-15]"[34] e não haveria Accor ou Bolloré sem a Françafrique.[35] A obstrução do acesso ao hiperconsumo leva a um ciclo infinito de negatividade, não apenas de privações materiais mas também de sofrimentos psíquicos e da vergonha de ser diferente, de ser pobre, favorecendo as transições para atos violentos. Para analisar o modo como o vocabulário da brutalidade sexista

---

nal "La cuestión de la des/colonialidad y la crisis global". Lima, 5–7 ago. 2010, apud Rosa Campoalegre Septien, "Féminicide: l'essentiel ne doit être ni invisible ni invincible", trad. Fernando Vázquez. *Revue d'Études Décoloniales*, 16 out. 2018. Ver também: Entrevista de Márgara Millán a L. M. Andrade, "En Amérique Latine, il y avait un féminisme décolonial avant le *boom* du courant décolonial", trad. Claude Bourguignon Rougier. *Revue d'Études Décoloniales*, 4 nov. 2019.

33 C. Fusco, *Petit Manuel de torture à l'usage des femmes soldats*, op. cit., p. 34.

34 Thomas Friedman, apud S. Valencia, *Gore Capitalism*, op. cit.

35 O termo Françafrique refere-se às relações entre a França e suas ex-colônias na África com um sentido de denúncia. Entre outros aspectos, chama a atenção para a ambiguidade dessas relações e para a existência de "redes de influência e de *lobbies* de atores franceses e africanos que intervêm nas esferas econômica, política e militar para desviar em seu proveito riquezas provenientes das matérias-primas e da ajuda pública destinada ao desenvolvimento"; verbete "Françafrique", in toupie.org. [N. T.]

e racial se materializa, como se torna senso comum até mesmo para aquelas e aqueles que são seu alvo, o psicólogo sul-africano Ivan Katsere propõe recusar a noção de xenofobia para descrever as violências mortais contra imigrantes que aconteceram em seu país em agosto de 2019.[36] Para ele, essas violências demonstram a força ideológica do racismo e a sua capacidade, como estrutura, de ser incorporado e colocado em prática por negros/as contra negros/as. Essa racialização, escreve ele, prova o grau de "perfeição" do colonialismo, o ciclo completo do fenômeno racista de desumanização que faz os negros manterem "outros" negros à margem da sociedade e os exterminarem de um modo que foi concebido pelo e para o colonialismo.

Do gênero ao capitalismo patriarcal

Se esse consumismo e essa ideologia do "progresso" possuem tamanha força de sedução, o que dizer das noções forjadas pelas lutas e depois absorvidas pelo capitalismo, como o gênero? Se, como diz Karina Bidaseca, "o gênero, assim como a raça, é uma ficção potente",[37] o que fazer com esse conceito? O que fazer com as expressões "igualdade de gênero" e "relação de gênero", que "há muito tempo influenciam a sociedade mundial como um todo, ainda que [o gênero] não seja representado da mesma forma em todos os lugares e considerando que, se olharmos

---

[36] Ivan Katsere, "Dehumanising the Other: The Language of Black-on-Black Racism". *Daily Maverick*, 9 set. 2019.

[37] Karina Bidaseca (org.), *Escritos en los cuerpos racializados: lenguas, memoria y genealogías (pos)coloniales del femininicido*. Palma: Edicions Universitat de les Illes Balears, 2015, apud R. C. Septien, "Féminicide: L'essentiel ne doit être ni invisible ni invincible", op. cit.

com minúcia, diferenças enormes podem ser constatadas"?[38] Não deveríamos, antes, continuar analisando o modo como as noções de "feminilidade" e "masculinidade" são colocadas como "pilares do patriarcado produtor de mercadorias"?[39] Como revelar os mecanismos da "masculinidade cúmplice" que, de acordo com Martha Zapata Galindo, caracterizam os homens que não militam pelo protótipo hegemônico (do virilismo), mas se contentam em receber dividendos do patriarcado, em gozar de todos os privilégios resultantes das discriminações às mulheres, em se beneficiar de vantagens materiais, prestígio e autoridade sem precisar fazer nenhum esforço nessa direção?[40]

Em 2018, mulheres negras iniciam uma greve nos restaurantes estadunidenses da gigante americana McDonald's com o seguinte slogan: "Pegue seu hambúrguer e suas batatas fritas e tire as mãos da minha perna!".[41] As pesquisas ecoam o assédio sexual e o racismo endêmicos no coração da famosa marca:

> Em Durham (Carolina do Norte), uma assalariada que recebe 7,50 dólares por hora descreve um "ambiente de trabalho impregnado de linguagem sexual explícita, assédio sexual e racismo". Um dos seus chefes lhe propõe um *ménage à trois*. Outro a chama por

---

38 Roswitha Scholz, *Le Sexe du capitalisme: "masculinité" et "féminité" comme piliers du patriarcat producteur de marchandises* [2019], trad. Sandrine Aumercie. Albi: Crise & Critique, 2019, p. 109.
39 Ibid.; ver também P. B. Preciado, "Necropolítica à francesa", op. cit.
40 Martha Zapata Galindo, "Modernización, poder y cultura: cambios en la relación de los intelectuales mexicanos hacia la política, el gobernio y el Estado", in Nikolaus Böttcher, Isabel Galaor e Bernd Hausberger (orgs.), *Los buenos, los malos y los feos: poder y resistencia en América Latina*. Madrid/Frankfurt am Main: Iberoamericana/Vervuet, 2005.
41 Mathieu Magnaudeix, "Dans les McDonald's américains, une grève historique contre les violences sexuelles". *Mediapart*, 21 set. 2018.

apelidos obscenos. Um terceiro dá em cima dela insistentemente, embora ela tenha deixado claro que não tinha interesse. Depois que ela identifica um dos assediadores, seus colegas tiram sarro da sua cara. Seu irmão de 17 anos, empregado no mesmo restaurante, é alvo de comentários homofóbicos.[42]

Para as grevistas do McDonald's, a luta contra as violências sexuais se conecta à luta por melhores salários e melhores condições de trabalho; um de seus tuítes é explícito a esse respeito:

> Um momento de lembrança para Yasmin Fernandez durante a greve contra o assédio sexual. Yasmine era uma das líderes do movimento pelos direitos dos trabalhadores de *fast-food* e morreu no ano passado enquanto trabalhava sozinha em uma cozinha superaquecida na @PandaExpress [outra cadeia de *fast-food*].[43]

Na França, as mulheres negras grevistas do hotel Ibis (grupo Accor), em Batignolles, Paris, também fazem a conexão entre exploração econômica, assédio racial e violências sexuais. Em 2019, durante a manifestação contra as violências sofridas pelas mulheres, as poucas palavras escritas à mão em um cartaz que uma das grevistas levantava resumem bem as coisas: "Exploração de camareiras, isso também é violência sexista". A relação entre exploração econômica, racismo, desprezo de classe e violências de gênero e sexuais é evidente. Infelizmente, ela se revelou de forma ainda mais marcante quando, em março de 2017, uma camareira (da empresa terceirizada TFN Tefid) que

---

[42] Ibid.
[43] Tuíte de Equal Rights Advocates, 18 set. 2018, citado em "#MeToo #TimesUp: les salariées de McDonald's dénoncent les abus sexuels lors d'une grève inédite". *TV5Monde*, 20 set. 2018.

trabalhava no hotel Ibis de Batignolles foi vítima de estupro por um gerente do hotel – fato que, em janeiro de 2020, o grupo Accor ainda se negava a reconhecer.[44] Todas as indústrias que empregam, precarizam e exploram mulheres racializadas – *fast-food*, hotelaria, serviço de cuidados, *sweatshops* – apresentam níveis muito elevados de assédio sexual e racial.

Uma proteção ilusória: três relatos de violência cotidiana

Diante dessa onda de violências sistêmicas, os mecanismos e discursos estatais de "proteção" dissimulam muito mal as lógicas de racialização que os subjazem. Basta pensar na distância intransponível entre, por um lado, a inflação dos discursos sobre a proteção das mulheres e dos mais vulneráveis e, por outro, as medidas e leis que aumentam brutalmente a precariedade e a violência institucional. Esses contrastes traçam uma fronteira entre quem deve e pode ser protegida e quem não pode ou não deve sê-lo. Essa divisão entre uma humanidade que teria direito à proteção e outra que não o teria (quase por natureza) permanece para mim uma divisão tangível, organizadora do mundo social. Não é concebível falar em proteger as mulheres das violências sistêmicas a partir de uma abordagem binária, mulheres vítimas e homens algozes, na qual o papel de protetor é confiado ao Estado macho, estuprador, sendo os feminicídios "a expressão última de um *continuum* de poder que começa com a prevalência das desigualdades sociais e econômicas, do assé-

---

[44] Tatiana Lima, "Du Vol des salariées au viol d'une femme de chambre: grève à l'hôtel Ibis Batignolles". *Révolution Permanente*, 24 jul. 2019. Justine Fontaine, "Au Chili, le slam qui blâme les violeurs". *Libération*, 20 dez. 2019.

dio sexual, das violências sexuais e das representações sexistas que estruturam o imaginário social e o espaço público".[45]

Para ilustrar melhor a lógica dessa distinção entre aquelas e aqueles que são "protegíveis" e os outros sacrificáveis, gostaria de relatar três experiências pessoais aparentemente sem grande importância. A primeira delas concerne à minha estada, no outono de 2017, em uma grande universidade liberal (de prestígio, como é costume dizer) na Costa Leste dos Estados Unidos, onde fui convidada a conduzir um seminário. Logo que cheguei naquele país, então governado por um presidente sexista, racista, homofóbico e fascista, chocou-me o contraste entre, de um lado, o excesso de discursos e mecanismos de proteção no *campus* para fazer daquele espaço um lugar seguro e protegido, especialmente para as estudantes e para as mulheres que trabalhavam ali – junto com lembretes quase cotidianos dessas medidas que justificavam, a qualquer hora do dia ou da noite, a presença da polícia privada da universidade, sempre muito gentil, inclusive –, e, de outro lado, a explosão de brutalidade do governo Trump, que, com suas medidas e declarações, tornava mais visíveis que nunca o imperialismo e o capitalismo heteronormativo que historicamente caracterizaram as políticas dos Estados Unidos. A proteção no *campus* se manifestava por meio não só da ostentação de segurança mas também da limpeza do lugar, dos espaços verdes muito bem cuidados, do acesso facilitado a todos os tipos de serviço, da diversidade de ofertas culturais, da quantidade de *food trucks* que ofereciam comida vegana e orgânica e da beleza dos prédios. Porém meus/minhas estu-

---

[45] Entrevista de E. Dorlin a Fanny Marlier, "2019 vue par la philosophe Elsa Dorlin". *Les Inrockuptibles*, 31 dez. 2019.

dantes, aquelas que usavam véu, negros/as, *queer*, latinos/as, não se sentiam em segurança. Uma delas, refugiada iraquiana, ativa no movimento BDS,[46] falou-me dos ataques islamofóbicos dos quais fora alvo e do seu sentimento de isolamento. No *campus*, algumas mulheres, principalmente as *queer*, tinham proposto organizarem-se em grupos de autodefesa, mas essa ideia foi fortemente desencorajada pelas autoridades, que lhes recomendavam dirigir-se ao oficial de segurança, aos serviços legais e aos psicólogos universitários. Ao mesmo tempo e logo em seguida ao movimento #MeToo, circulavam on-line, mas num circuito fechado, depoimentos de mulheres denunciando o assédio no mundo universitário: doutorandas que eram obrigadas a mudar o objeto de tese, mudar de orientador ou de universidade, candidatas que renunciavam a um cargo ou a uma promoção porque essas ofertas tinham como contrapartida uma relação sexual, universitárias que descreviam o medo, o isolamento ou a depressão em que se encontravam. Para as universitárias racializadas, o racismo se combinava com o sexismo. Um *campus* onde as mulheres possam circular sem medo de ser assediadas, concorde-se ou não, é um progresso, e eu aceito que essa posição seja defensável, mas eu mesma não consigo me apropriar da sensação de proteção sem que me venha à mente a insegurança e a precariedade financeira experimentadas por minhas estudantes que usam véu e negras, a política de privatização das universidades e a violência que se exerce sem limites do lado de fora. Então, mesmo que

---

[46] Sigla para Boicote, Desinvestimento e Sanções, movimento não violento de alcance internacional criado em 2005 por 170 organizações da sociedade civil palestina a fim de pressionar o governo de Israel pelo fim da ocupação e colonização da Palestina e pelo reconhecimento dos direitos fundamentais dos povos árabes. [N. E.]

tudo fosse feito para produzir um sentimento de segurança, eu via o *campus* como um enclave, e isso não era tão tranquilizador assim. Na cidade próxima à universidade, os bairros devastados, habitados por comunidades racializadas, tornavam realmente marcante o fato de que essa proteção não era oferecida a todo mundo. Tal construção do espaço em enclaves em nome da segurança revelava o quanto a proteção privatizada ou estatal estava condicionada à aceitação das normas que exigiam obediência à ordem de segregação. No momento em que as guerras travadas pelos Estados Unidos no Iraque e no Afeganistão acarretavam uma maior vulnerabilidade das mulheres e crianças,[47] em que o Black Lives Matter mostrava o perigo do espaço público para negros e negras, em que o racismo de Estado se tornava cada vez mais virulento, em que na fronteira com o México crianças eram arrancadas de seus pais, e algumas até desapareciam dos registros, esse discurso e essa efetivação de uma proteção voltada para algumas pessoas atualizavam os limites de uma política de proteção cega à raça, à misoginia e ao capitalismo. Essa distribuição do espaço revelava que o mundo exterior é hostil, que os homens (racializados) são ameaçadores, que as ruas não são seguras e que, para sermos protegidos/as de todos esses perigos, devemos confiar nossa proteção àqueles que fizeram dela sua profissão (sociedades privadas de segurança e vigilância, milícias, polícia). A resposta às violências foi a organização dos espaços mediante a vigilância policial privada. No âmbito dessa organização, o *campus* ficava separado do mundo exterior e das suas ameaças, mas essa construção em enclaves, sob a forma de residên-

---

[47] Ver Zahra Ali, *Women and Gender in Iraq: Between Nation-Building and Fragmentation*. Cambridge: Cambridge University Press, 2018.

cias vigiadas, polícias privadas, multiplicação de dispositivos de vigilância e controle, apenas reforçava a segregação social e racial e, a longo prazo, revelava a fragilidade dessas formas de proteção.

Essa política de proteção se tornou um vasto negócio militarizado no qual especialistas se gabam do alto rendimento de seus produtos e da eficácia de seus aparatos de segurança para detectar

> os comportamentos anormais ou suspeitos: uma pessoa que cai, um batedor de carteiras que será seguido (*tracking*) de uma câmera a outra na loja e na cidade. O objetivo não é identificar a pessoa, mas reconhecer sua silhueta, seus hábitos, se ela usa óculos ou se tem barba.[48]

Ignorar o impacto dessas tecnologias de segurança e controle, majoritariamente dominadas por homens brancos heteronormativos, só perpetua a violência crônica que acompanha essas medidas. Combater as violências cometidas contra as mulheres sem levar em conta a militarização da proteção e a construção de classes e raças perigosas, que legitima o recurso a mais vigilância e controle por parte das empresas privadas terceirizadas pelo Estado ou do próprio Estado, equivale a ser cúmplice de tudo isso.

---

[48] Entrevista de Marc Pichaud, cofundador da Just Do IP, empresa especializada em questões de videovigilância, durante os preparativos da Feira APS, 1–3 out. 2019: "L'Analyse des risques conditionne le nombre de caméras et d'équipements", in infoprotection.fr, 3 set. 2019. A respeito do mercado de vigilância e controle, ver: "Reportage à Milipol, le salon mondial de la sécurité intérieure: déclaration de guerre". *Lundimatin*, 9 dez. 2019.

A segunda experiência que gostaria de relatar aconteceu ao longo de 2019, na França, durante o processo de adoção do conceito de feminicídio pelas mídias, pelo governo e por representantes políticos/as. A noção de que o assassinato de uma mulher por ela ser mulher merecia ser especificado começava a ser aceita. Então os artigos apareciam regularmente, havia debates, o governo era interpelado porque, a cada dois dias, uma mulher morria espancada por um cônjuge ou ex-cônjuge. O jornal *Libération* decidiu noticiar cada feminicídio. No início de setembro, um grupo de mulheres espalhou por Paris slogans pintados com letras pretas sobre folhas de papel branco: "Papai matou mamãe", "Ela larga ele, ele mata ela", "Feminicídios: não queremos mais contar nossas mortas", "Às mulheres assassinadas, a pátria indiferente", "Gaëlle, grávida, esfaqueada pelo seu ex. 24º feminicídio".[49] Em 2 de outubro, o deputado Aurélien Pradié, do partido Les Républicains, em relatório sobre um projeto de lei proposto por ele mesmo, depois de ter lembrado os números de feminicídios e violências domésticas na França, retoma a constatação do deputado Philippe Dunoyer, que, no mesmo ano, durante o debate sobre as verbas dos territórios ultramarinos, observara: "Nos territórios ultramarinos as violências cometidas contra as mulheres são mais numerosas do que no Hexágono, e as agressões são mais graves e excedem a média". No discurso dos parlamentares perpassava sub-repticiamente uma geografia racializada: na realidade, se os casos de feminicídios são mais numerosos nos "ultramarinos", os termos empregados são provenientes de uma chave de leitura culturalizada. No

---

[49] Cécile Bouanchaud, "'Aux femmes assassinées, la patrie indifférente': les 'colleuses' d'affiches veulent rendre visibles les victimes de féminicides". *Le Monde*, 14 set. 2019.

pensamento dos parlamentares, os homens dos "ultramarinos" evidentemente são racializados e, portanto, naturalmente mais violentos que a média dos homens brancos, isso sem que o contexto social, econômico e político da grande violência neocolonial seja abordado. Em seguida, tomando por base os efeitos positivos de uma lei contra as violências sexuais adotada na Espanha, e constatando as deficiências das decisões judiciais na França, o deputado defendeu o fortalecimento dos poderes do juiz, uma maior celeridade na aplicação de suas decisões e a efetivação de dispositivos que garantam o afastamento do cônjuge ou ex-cônjuge. A lei que preconiza o uso obrigatório, por parte dos homens responsáveis pelas violências, de "uma pulseira antiaproximação que permite geolocalizar e manter os cônjuges ou ex-cônjuges violentos afastados pelo disparo de um sinal, com um perímetro de distância fixado pelo juiz", foi adotada em 15 de outubro de 2019. O governo organizou então um Ciclo de Debates sobre Violências Conjugais. Em 24 de novembro, pouco antes das conclusões desse ciclo de debates e para influenciar as decisões que estavam por vir, ocorreram manifestações contra os feminicídios em várias cidades da França, convocadas pelo coletivo #NousToutes e apoiadas por setenta organizações, partidos políticos, sindicatos e associações. "O governo precisará estar à altura dessa mobilização sem precedentes na sociedade", declarou Caroline De Haas, integrante do coletivo #NousToutes, que reivindicava que 1 bilhão de euros fosse disponibilizado para a luta contra as violências e que fossem anunciadas medidas em matéria de prevenção e formação. "Atualmente nos atemos às violências só depois que elas acontecem. Um pouco como se, em relação à segurança nas estradas, só nos ativéssemos aos acidentes nas rodovias, e não às ações para preveni-los. Precisamos de uma mudança de rumo."⁵⁰ O governo ao qual se dirigia essa demanda deixara claro, desde o início, o conteúdo da sua política feminista: um ministério coordenado por uma mulher jovem e dinâmica, muito presente nas redes sociais, que não mede as palavras, responsável por um curso de verão sobre feminismo (no qual uma mulher de véu foi proibida de falar por um público feminista que, em seguida, mesmo irritado, escutou sem interromper um homem branco que lhe deu um sermão por vinte minutos);⁵¹ uma política externa feminista civilizatória; e um presidente que não hesita em reafirmar diversas vezes seu feminismo. Paralelamente, um presidente, um governo e uma assembleia que, por suas decisões, tornam os ricos mais ricos e os pobres mais pobres – assim como a vida das mulheres das classes populares e racializadas mais difícil e mais precarizada –, dificultam a liberdade de imprensa, mentem, insistem em fazer do véu o símbolo da submissão das mulheres e encorajam suas forças de polícia a empregar os métodos mais brutais, ferindo, mutilando ou matando impunemente. Decerto, não devemos parar de exigir que o Estado disponibilize um orçamento e mecanismos voltados às mulheres que sobrevivem à violência; mas também não deveríamos nos questionar, à luz das decisões desse governo, com base em quais critérios ele fundará sua política de proteção? O que será das mulheres refugiadas que dormem na rua e que, por causa das leis europeias, são confrontadas com todo

---

50 Virginie Ballet, "À Paris, la déferlante #NousToutes". *Libération*, 24 nov. 2019. Ver também: "À Paris, le défilé contre les violences faites aux femmes en images". *Le Monde*, 24 nov. 2019.
51 Lili B, "Féminisme made in Schiappa: pot-pourri de réactionnaires à son Université d'été". *Révolution permanente*, 14 set. 2018; Hortense de Montalivet, "Raphaël Enthoven et son long monologue à l'université d'été du féminisme sont très mal passés". *HuffPost*, 13 set. 2018.

tipo de violência? O que será das mulheres que participaram do movimento dos coletes amarelos e perderam um olho?

O terceiro acontecimento que quero evocar é a mobilização das mães dos jovens de Mantois. Em 6 dezembro de 2018, 151 jovens foram interpelados pelas forças da ordem (que chegaram com capacetes de segurança, cassetetes e escudos), que os forçou a formar filas e se ajoelhar, em silêncio, com as mãos atrás da nuca ou das costas, a cabeça baixa e a mochila nos ombros, por horas, enquanto um policial declarava, em um vídeo que viralizou: "Vejam só que classe bem-comportada".[52] Após essa intervenção policial, as mães desses adolescentes se mobilizaram. No âmbito do coletivo que criaram, elas analisaram as imagens de seus/suas filhos/as ajoelhados/as

> como um sintoma, não como um abuso, isto é, como um momento de verdade para esta república agonizante, que só sabe tratar seus pobres e descendentes de colonizados com cassetetes, *tasers* [armas de eletrochoque], balas de borracha e prisão. Agora, como no ano passado, a guerra civil preventiva é a única medida que o governo é capaz de tomar para se proteger da própria crise.[53]

Se algumas personalidades políticas julgam essa violência policial excessiva e injustificada,[54] outras não veem nada de re-

---

[52] Mattea Battaglia e Louise Couvelaire, "La Vidéo de l'interpellation collective de dizaines de lycéens à Mantes-la-Jolie provoque de vives réactions". *Le Monde*, 6 dez. 2018.
[53] Yessa Belkhodja, "'Le 8 décembre nous marcherons contre la ségrégation et le racisme'". *Contretemps*, 8 nov. 2019.
[54] Geoffroy Clavel, "Jeunes arrêtés à Mantes-la-Jolie: les réactions effarées des politiques". *HuffPost,* 7 dez. 2018.

preensível nela. A dirigente socialista Ségolène Royal concebeu essa humilhação e essa violência policial como uma forma de pedagogia:

> Entre aqueles jovens, não havia apenas colegiais. Havia também vândalos que, com uma selvageria inacreditável, deram início a focos de incêndio por toda parte em Mantes. Mas sejamos minimamente pragmáticos e realistas. Não fez mal a esses jovens saber o que é a manutenção da ordem e a polícia e ficarem quietos. Eles guardarão como lembrança. E não é ruim lhes devolver o senso de realidade.[55]

Para Thierry Laurent, chefe de gabinete do prefeito de Yvelines, "essas imagens são indubitavelmente duras e incomuns. Por outro lado, devemos situá-las em relação às violências que esses indivíduos vêm cometendo em Mantes-la-Jolie há três dias". Ele ressalta, citando o fato de que alguns adolescentes teriam chegado encapuzados e armados, que "não houve intenção de humilhar" e insiste no "profissionalismo" dos policiais.[56] A vontade de humilhar, porém, estava bem presente, pois é óbvio que uma centena de crianças provenientes de famílias burguesas brancas, estudantes de liceus parisienses, jamais seria forçada pela polícia a se ajoelhar com as mãos atrás da cabeça durante horas. Do mesmo modo, nunca aconteceria de as queixas prestadas pelas crianças e seus pais serem rejeitadas. Portanto, o

---

[55] "Ségolène Royal sur les arrestations de Mantes-la-Jolie: 'Ça ne leur a pas fait de mal, à ces jeunes'". *Europe 1*, 9 dez. 2018.
[56] "'Choquant', 'intolérable': les images de l'arrestation des 151 adolescents à Mantes-la-Jolie suscitent l'indignation à gauche. Les images montrent les jeunes alignés à genoux, les mains sur la tête, hier dans cette ville des Yvelines". *Franceinfo*, 7 dez. 2018.

que aquele 6 de dezembro de 2018 em Mantes-la-Jolie revelou foi a continuação de uma política colonial racial que nega às crianças o direito de serem crianças e que visa disciplinar, por meio da humilhação, as comunidades populares racializadas. As "151 mães, mulheres de Mantes-la-Jolie e de Mantois", "preocupadas por saber que [seus] filhos não estão mais protegidos",[57] voltam-se "contra a arbitrariedade da polícia" e declaram: "Nós, mães das periferias,[58] mães dos bairros, mães das crianças ajoelhadas de Mantes-la-Jolie, não aceitamos mais esse estado de injustiça permanente. Nós só queremos uma coisa: Paz".[59] Ao adotar o termo "mães", tais mulheres repõem no discurso público essa palavra às vezes considerada retrógrada: "mãe" indica aqui uma postura de proteção e a reapropriação de uma função historicamente negada às mulheres racializadas – a maternidade. Essas mães distinguem entre uma política estatal de proteção, que assegura os interesses da burguesia branca, e uma política de proteção sob responsabilidade da comunidade, exercida em um espaço público desmilitarizado, que garante às crianças racializadas a mesma proteção destinada a todas as

[57] M. Battaglia e L. Couvelaire, "La Vidéo de l'interpellation collective de dizaines de lycéens à Mantes-la-Jolie provoque de vives réactions", op. cit.
[58] Expressão original: *mamans des cités*. O termo *cité*, em francês, é utilizado para fazer referência aos espaços tomados por habitações populares, comumente chamadas HLM ou habitações sociais, em geral precarizadas. Esses espaços, que muitos consideram guetos ou lugares de reclusão, são marcados pela falta de acesso à educação de qualidade e aos espaços de cultura e arte. Assim como o termo *periferia*, aqui utilizado como sua tradução, marca não apenas a distância em relação ao centro, mas assume uma dimensão política que aponta para espaços subalternizados, estigmatizados, racializados. [N. T.]
[59] Collectif des jeunes du Mantois, "Marche des mamans pour la justice et la dignité". *Mediapart*, 3 set. 2019.

crianças. Elas criticam o discurso que transforma os pais racializados em maus e que os classifica como incapazes de disciplinar seus filhos e de educá-los para se tornarem crianças "comportadas", como responsáveis por sua falta de sucesso na escola e por sua condição de delinquentes em potencial. Ao falarem de paz, elas traçam uma política do sossego nos bairros colocados sob vigilância policial.

A proliferação de medidas, leis e declarações voltadas para a proteção de mulheres e crianças paralelamente à precarização, à vulnerabilização e ao aumento da violência contra mulheres e crianças não é um paradoxo. É o resultado de escolhas políticas que traçam uma fronteira entre as mulheres que têm direito à proteção e aquelas que são excluídas, entre as crianças que têm direito à infância tal como a concebe a psicologia moderna (isto é, a salvo da violência dos adultos ou policial) e as crianças cuja infância é criminalizada – as crianças que a polícia e o tribunal apreendem como adultas, que são excluídas do sistema educacional; os adolescentes que precisam provar sua idade para serem considerados menores; as meninas racializadas cuja sexualidade ou prática religiosa é objeto de zombaria, de desprezo. Quando a proteção está submetida a critérios raciais, de classe, de gênero e de sexualidade, ela contribui, por sua lógica e sua implementação, para a dominação. Uma política serve a outra, isto é, a política de proteção do Estado racista e patriarcal necessita dessas distinções entre quem tem direito à proteção e quem não tem.

2
A ABORDAGEM CIVILIZATÓRIA DA PROTEÇÃO DAS MULHERES

Femoimperialismo e proteção das mulheres do Sul global

O feminismo universalista civilizatório contribuiu para integrar a proteção das mulheres à "missão civilizatória", na França e nas pós-colônias francesas. Prova disso é o quanto os casos de agressão sexual acabam se tornando oportunidades para essas "feministas" atrelarem tais episódios a um *storytelling* racista. Assim, em 2011, Yvette Roudy, ex-ministra socialista dos Direitos das Mulheres (de 1981 a 1986), ao passo que caracterizava o estupro de Nafissatou Diallo por Dominique Strauss-Kahn como um assunto político, não podia deixar de concluir: "Não é por acaso que o estupro coletivo é uma arma de guerra, uma forma de os jovens canalhas dos bairros se afirmarem covardemente nessa prática".[1] Naquilo que se apresentava como uma denúncia do machismo na política, por que fazer esse amálgama entre um homem poderoso, diretor do FMI, totalmente seguro da sua impunidade, e os jovens de bairros populares, senão para, mais uma vez, reforçar a ideia de que o maior perigo vem dos jovens dos bairros populares? E isso logo após uma mulher negra imigrante

---

[1] Yvette Roudy, "Le Scandale DSK est une affaire politique". *Le Monde*, 28 jun. 2011.

ter sido estuprada por um homem branco poderoso, rapidamente defendido por seus pares, que chamaram o estupro de *"troussage de domestique"*.² Em uma entrevista mais recente, Yvette Roudy se deparou com a seguinte pergunta: "Há trinta anos você comparava os partidos políticos franceses aos clubes ingleses do século XIX: masculinos, elitistas e fechados. Ainda é caso?". E sua resposta foi: "Não, isso mudou, mas é fato: estamos muito atrasados na França. Nós temos de lidar com o peso das tradições dos países de origem da nossa população imigrante".³ Mais uma vez, as comunidades racializadas carregavam o fardo dos ataques machistas e misóginos na sociedade francesa. O atraso nos direitos das mulheres era atribuído às comunidades supostamente estrangeiras à nação. Precisamos saber tirar daí as conclusões inevitáveis: de acordo com essa visão (totalmente legítima), tornar-se uma mulher francesa supõe apoiar-se na exclusão de cidadãs e cidadãos francesas/es condenadas/os a permanecer estrangeiras/os. Esses deslizes que associam a denúncia de um abuso, de um estupro, à presença de pessoas racializadas na França reforçam a ideia de que os homens racializados seriam uma ameaça à liberdade das mulheres.

> **2** David Doucet, "L'Affaire DSK, 'un troussage de domestique'? Kahn s'excuse". *L'Express*, 19 maio 2011; "Affaire DSK: un 'troussage de domestique' pour Jean-François Kahn". *Nouvel Obs*, 19 maio 2011. [A expressão "*troussage de domestique*", usada pelo jornalista Jean-François Kahn para definir o caso, remete à prática (nos séculos XVII e XVIII) de levantar de surpresa a saia ou o vestido de uma mulher, especificamente de uma trabalhadora doméstica, como se a burguesia tivesse direito a relações sexuais, mesmo que não consensuais, com mulheres de classes inferiores. – N. T.]
> **3** Alexandra Schwartzbrod e Laure Bretton, "Yvette Roudy, 'Nous sommes un pays de droits, de droits des hommes les biens nommés, comme je dis!'". *Libération*, 13 dez. 2013.

A abordagem civilizatória da proteção das mulheres também serve de argumento à política externa da França. Durante uma intervenção na ONU, em 2019, o presidente da República Francesa, Emmanuel Macron, utilizou a "fórmula preestabelecida" dessa abordagem:

> As mulheres e as meninas são as primeiras a serem afetadas pela pobreza, pelos conflitos e pelas consequências do aquecimento climático; são as primeiras a serem vítimas das violências sexistas e sexuais que com frequência as impedem de circular livremente, de trabalhar, de dispor de seu corpo como quiserem. É tempo de o nosso mundo parar de transformar as mulheres em vítimas e lhes entregar o lugar que elas também merecem, o de líderes![4]

"A França", ele acrescenta, adota uma "diplomacia feminista ativa e resoluta", e para isso seu governo se compromete a destinar "50% da ajuda pública ao desenvolvimento de medidas relacionadas ao gênero".[5] Esses programas, ele especifica, visam ao mesmo tempo à "emancipação das mulheres africanas", à "luta contra a mutilação genital", ao combate ao assédio virtual e à educação das mulheres. A luta contra a mutilação genital é uma das obsessões do feminismo ocidental, pois na *sua perspectiva* ela sinaliza o atraso e a crueldade em relação às mulheres. Essa obsessão não leva em conta as lutas das mulheres africanas nesse campo ou mesmo o aspecto observado por Fati N'Zi Hassane:

---

[4] Emmanuel Macron, discurso na ONU em 25 set. 2019, citado no site do Ministère Chargé de l'Égalité entre les Femmes et les Hommes, de la Diversité et de l'Égalité des Chances [Ministério da Igualdade entre as Mulheres e os Homens, da Diversidade e da Igualdade de Oportunidades].
[5] Ibid.

Em quase toda a África, as mutilações genitais femininas estão em baixa. O declínio é particularmente notável na África oriental, onde o índice de mutiladas com menos de quinze anos passou de 71% para 8% entre 1995 e 2016, de acordo com a Unicef. O recuo é, infelizmente, bem menos visível na África ocidental e no Chifre da África, as duas regiões mais afetadas por essa prática desumana disseminada por toda a faixa do Sahel, da Mauritânia à Somália. Porém, ali também os números do escritório regional do Fundo de População das Nações Unidas (UNFPA) na África ocidental e central indicam uma mudança drástica ao longo das gerações.[6]

Para as militantes africanas, a intervenção das ONGS e dos governos ocidentais é contraproducente, pois suas práticas, seu vocabulário, sua maneira de intervir geram resultados contrários aos desejados – mas é verdade que a menção às mutilações sexuais causa um efeito midiático. A política "feminista, ativa e resoluta" da França visa educar as mulheres africanas para se tornarem líderes, para "darem o exemplo". A fim de melhor atender à sua política feminista, o Estado francês decidiu, a exemplo das fundações norte-americanas, criar um fundo de investimento para projetos de gênero. Em agosto de 2019, em Biarritz, durante o encontro do G7, Emmanuel Macron anunciou a criação desse fundo de investimento em companhia de Akinwumi Adesina, presidente do Banco Africano de Desenvolvimento, e da artista Angélique Kidjo.

---

[6] Fati N'Zi Hassane, "La Lutte contre l'excision doit s'intensifier en Afrique". *Le Monde Afrique*, 13 ago. 2019; ver também "Expériences de lutte contre l'excision en Afrique subsaharienne", in genreenaction.net. Esse site exibe as datas de programas educacionais organizados por mulheres africanas, bem como as fontes bibliográficas.

Um verdadeiro desafio para a África é o fato de existirem dois motores demográficos, as mulheres e os homens, mas apenas um motor receber ajuda, os homens [...]. O outro motor está parado, porque em muitos países africanos as mulheres não têm direito de acesso à terra, o que é um desafio fundamental – significa que elas não têm direito de acesso ao crédito, elas não podem desenvolver uma atividade, e em muitos países africanos as mulheres efetivamente não podem acessar o crédito, o empréstimo (exceto o microcrédito) e, portanto, desenvolver o empreendedorismo.[7]

Em julho de 2017, durante o encontro do G20, o mesmo Macron havia declarado: "Uma vez que os países apresentam, ainda hoje, uma média de sete a oito filhos por mulher, você pode decidir investir bilhões de euros lá, mas isso não estabilizará nada".[8] Com essas observações, "Emmanuel Macron deu o tom: seu discurso será feminista, ou melhor, femocolonialista", escreve Elsa Dorlin, "pois, na defesa das escolhas das mulheres africanas acerca de seus direitos e de suas escolhas reprodutivas, o presidente francês se coloca como o salvador da pátria".[9] O femoimperialismo definitivamente adotou a noção de gênero (que designa aqui exclusivamente as mulheres, consideradas como um todo) e fórmulas feministas (liberdade de circulação, de dispor do próprio corpo) para levar uma política de integração das mulheres africanas a um sistema bancário e econômico

---

[7] "G7 Biarritz: Conférence de presse conjointe consacrée au programme Afawa." Transcrição da coletiva de imprensa no site *Élysée.fr*, 25 ago. 2019.
[8] E. Dorlin, "Macron, les femmes et l'Afrique: un discours de sélection sexuelle et de triage colonial". *Le Monde*, 30 nov. 2017. Ver também F. Vergès, "Macron et le ventre des femmes africaines, une idéologie misogyne et paternaliste". *L'Humanité*, 17 jul. 2017.
[9] E. Dorlin, "Macron, les femmes et l'Afrique", op. cit.

dominado pelo Ocidente, enquanto continua responsabilizando as mulheres africanas pelo estado do continente. O vocabulário do feminismo colonial do século XXI é implementado, inspirado no femocolonialismo e na ideologia do empreendedorismo neoliberal: as mulheres africanas sabem economizar e são trabalhadoras; são mais educadas do que os homens; agem como boas "chefes de família", investindo em setores que beneficiam a sociedade toda (saúde e educação), contrariamente aos homens africanos – entre esses, apenas "de 30 a 40%" são investidores. As qualidades que o patriarcado enxerga como femininas – ser comedida, séria, econômica – e que justificaram a posição inferior das mulheres são agora traduzidas em termos econômicos. Atribui-se às mulheres africanas a responsabilidade de combater os efeitos negativos das crises produzidas pelos programas de ajuste estrutural. Em vez de uma política de reparação que facilitaria a autonomia das mulheres, o que se tem é a proposta de transformá-las em devedoras do sistema bancário. Essa dívida é acrescida à dívida que os povos do Sul precisam quitar com os Estados Unidos, que os empobreceram. Antes de Macron, esse fato não escapara às fundações e aos fundos de investimentos norte-americanos. Assim, em 4 de abril de 2019, a mídia informou que Ivanka Trump planejava uma viagem à África para promover, em nome da Corporação de Investimento Privado no Exterior [Overseas Private Investment Corporation – Opic],[10] o programa "Invest in Women, Invest in the World" [Invista em mulheres, invista no mundo]. Em seu estudo, a Opic ressalta que as "mulheres dos países em

---

[10] A Opic é uma agência financeira para desenvolvimento, criada pelo governo estadunidense em 1971, que assessora as empresas norte-americanas nos investimentos em países estrangeiros.

vias de desenvolvimento" se tornaram o principal fator do aumento do consumo em nível mundial. Portanto, já é tempo de nos interessarmos por esse fenômeno, sobretudo porque, ao focar nas mulheres, a prosperidade econômica e a estabilidade do mundo estariam garantidas. A África subsaariana, que reúne mais mulheres educadas e empreendedoras do que qualquer outro continente, naturalmente se tornou uma prioridade para a Opic. O "mundo", declara o fundo de investimento, não pode negligenciar a oportunidade multibilionária que as mulheres do Sul global representam. Reduzir o *gender gap* (as desigualdades de gênero) acrescentaria 28 trilhões de dólares ao produto global já em 2025, e em pouco tempo a economia feminina representaria um mercado duas vezes mais importante do que a Índia e a China reunidas. O fato de que as mulheres do Sul global constituem 73% da clientela das instituições de microcrédito[11] torna ainda mais fácil entender o interesse dos bancos e dos fundos de investimento. A fim de responder à perspectiva segundo a qual, até 2028, as consumidoras serão responsáveis por cerca de 15 bilhões de dólares das despesas de consumo mundiais, a Opic criou uma tabela de leitura *por gênero* para julgar os projetos referentes às mulheres. Como compreender a relação entre, de um lado, essas políticas neoliberais que afirmam defender e promover o futuro das mulheres negras e, de outro, a necroeconomia que fragiliza tal futuro? O fato de que esse presente/futuro – um mundo onde as mulheres racializadas seriam livres, empreendedoras e autônomas, e um mundo fragmentado, violento, devastador, destruidor, em outras palavras, ancorado nas heranças do colonialismo – coexistam revela o véu que mascara os objetivos

---

[11] "Les femmes et le microcrédit", in babyloan.org.

do capitalismo neoliberal: atribuir às mulheres e aos homens o peso das privações, discriminações e vulnerabilidades, promovendo o individualismo. O objetivo do "Invest in Women, Invest in the World", uma política de integração das mulheres racializadas e do Sul global como *valor agregado*, como objeto de investimento do mundo financeiro, é a pacificação. O gênero "mulheres", tal como é concebido pelo Ocidente – um grupo essencializado, marcado pela diferença biológica –, é utilizado contra o "gênero" racializado homem, aqui também um grupo essencializado e marcado pela diferença biológica e pela raça.

Genealogia de um ambiente hostil

Se as diferenças existem no âmbito de toda sociedade no que diz respeito à gestão da proteção, podemos afirmar que o Estado patriarcal e capitalista reforçou essas disparidades, que foram notadamente racializadas. Porém, na França, ainda é muito difícil estudar e debater publicamente esse impacto em função da raça. Enquanto os trabalhos sobre as diferenças em função da classe são abundantes e produzem resultados sólidos, as abordagens fundadas na raça foram negligenciadas. Nesse sentido, tendo em vista que a escravidão e a colonização são as matrizes da modernidade, a surpresa é a única reação possível ao grau de minimização das realidades da escravidão, relegadas a um simples ritual memorialístico, e à visão da colonização sob o prisma exclusivo das representações. Há uma negação profunda do modo como séculos de império colonial, escravista e pós-escravista marcaram a sociedade francesa, suas artes, sua literatura, suas leis, suas organizações políticas, seus movimentos sindicais e sociais, seus feminismos. Se, no debate público, a questão das representações raciais é hoje mais ou menos aceita, a ponto de ser objeto de relevantes exposições em museus, sua importância na reflexão política permanece marginal. Continuo insistindo na centralidade da escravidão colonial na fabricação da vulnerabilidade a uma morte prematura, nas noções normativas e raciais da feminilidade e da boa masculinidade, na invenção do que constitui a "boa" família, as boas maternidades e paternidades, na construção da infância, na economia do esgotamento dos corpos e das riquezas.[12] Se as zonas de precarização se multiplicam, as divisões Norte/Sul, centro/periferia permanecem, mas no âmbito de uma globalização de condições de vida degradadas. No Sul, e nas comunidades racializadas no Norte, os processos de destruição da vida social apareceram já nos anos 1970 e se difundiram mais rapidamente. As populações do Sul global foram não apenas expulsas de suas terras, separadas de seus recursos, mas também excluídas como força de trabalho.[13] Admitir isso não é negar a classe social, é reconhecer que a raça impôs sua marca no mundo. Quando se trata da França, a constatação

---

[12] Sobre esse tema, ver a obra da historiadora Stephanie Jones-Rogers, *They Were Her Property: White Women as Slave Owners in the American South*. New Haven: Yale University Press, 2019. A autora mostra, a partir de um estudo rigoroso de arquivos, que as mulheres brancas participaram do tráfico e do escravismo, beneficiaram-se deles, foram defensoras ativas do sistema e souberam tirar partido disso para adquirir status social e econômico. O estudo questiona radicalmente o discurso feminista da dominação masculina e do patriarcado, dando provas dos vínculos entre escravismo, capital e gênero. Essas mulheres brancas puderam acumular riqueza graças ao sistema de supremacia branca no qual o gênero não era um obstáculo.

[13] A esse respeito, ver Kako Nubukpo, *L'Urgence africaine*. Paris: Odile Jacob, 2019; Dambisa Moyo, *L'Aide fatale*. Paris: Jean-Claude Lattès, 2009.

feita pelo economista togolês Kako Nubukpo de que "o atual modo de crescimento" mantém "a África no modelo chamado de 'escravidão colonial'"[14] se aplica aos territórios conhecidos como "ultramarinos", sistematicamente esquecidos nas análises. Chamar de obsessão pela raça a atenção que militantes, pesquisadoras e pesquisadores dão aos processos de racialização constitui, portanto, a mais pura calúnia.[15]

A historiadora Catherine Hall, especialista em escravidão colonial e em processos de branqueamento, soube desenvolver a grande narrativa da emergência de um "ambiente hostil"[16] para as pessoas não brancas na Inglaterra: a escravidão desempenha um papel central nisso. "Mesmo militantes antiescravistas engajados, como Granville Sharp, eram muito claros a respeito da diferença entre britânicos brancos e africanos: a escravidão é que era o problema",[17] Hall escreve. A presença de negros/as na Inglaterra provoca uma profunda ansiedade entre brancos/as – sendo as relações entre os sexos um dos principais aspectos dessa ansiedade. Em 1774, Edward Long, um dos defensores mais fervorosos da escravidão, alerta seus leitores para os "perigos sexuais engendrados por uma tal proximidade com o N...". "É notável como

---

14 Coumba Kane, "Kako Nubukpo: 'Le Modèle de croissance des pays africains est mortifère'". *Le Monde Afrique*, 22 set. 2019.

15 Ver "Le 'Décolonialisme', une stratégie hégémonique: l'appel de 80 intellectuels". *Le Point*, 28 nov. 2018; e "La Pensée 'décoloniale' renforce le narcissisme des petites différences". *Le Monde*, 25 set. 2019.

16 Catherine Hall, "Mother Country". *London Review of Books*, v. 42, n. 2, 23 jan. 2020. As publicações são: Amelia Gentleman, *The Windrush Betrayal: Exposing the Hostile Environment*. London: Guardian Faber, 2019; Colin Grant, *Homecoming: Voices of the Windrush Generation*. London: Cape, 2019; Maya Goodfellow, *Hostile Environment: How Immigrants Become Scapegoats*. London: Verso, 2019.

17 C. Hall, "Mother Country", op. cit.

a classe inferior das mulheres na Inglaterra adora os negros, por razões brutais demais para serem mencionadas",[18] ele escreve. Há que se temer uma diluição do sangue "inglês":

> Assim, em algumas gerações, o sangue inglês terá sido alterado por essa mistura a ponto de contaminar as camadas médias e depois superiores do povo, até que a nação inteira adquira a tez e a baixeza de espírito dos portugueses e dos mouriscos. Trata-se de uma úlcera venenosa e perigosa que ameaça dispersar sua vilania em grande escala, até que cada família seja infectada.[19]

Para Catherine Hall, esse ambiente hostil nunca foi desmentido. Em 1955, o grande herói da narrativa imperial inglesa, Winston Churchill, ainda falava em preservar a Inglaterra branca ("Keep England White"). Em 2012, Theresa May, naquele momento secretária de Estado para os Assuntos Internos do governo de David Cameron, anuncia sua intenção de criar, "na Grã-Bretanha, um ambiente verdadeiramente hostil para os imigrantes ilegais".[20] Em 2018, centenas de imigrantes e seus descendentes da geração *Windrush* – nome do barco que levou os primeiros imigrantes do Caribe anglófono para a Grã-Bretanha – são ameaçados de extradição. Os mesmos processos ocorrem na

---

18 Apud ibid. Edward Long, administrador colonial, escravista e fazendeiro [*planteur*] na Jamaica no século XVIII, é o autor de *History of Jamaica* (1774), livro que influenciou bastante o debate inglês sobre a escravidão. Para ele, os "N..." eram caracterizados por "modos bestiais, estupidez e vícios que degradam seus irmãos na África". *History of Jamaica* foi republicado em 2010 pela Cambridge University Press.
19 Ibid.
20 Jérémie Baruch, "Royaume-Uni: qu'est-ce que la 'génération Windrush'?". *Le Monde*, 30 abr. 2018; Kevin Rawlinson, "Windrush-Era Citizens Row: Timeline of Key Events". *The Guardian*, 16 abr. 2018.

França. Dizer que nunca houve leis raciais na França é ignorar a história do antissemitismo e dos racismos contra os povos negro, muçulmano e rom. Desde 1776, a monarquia já legislava sobre a presença de pessoas negras na França. Ela temia que se multiplicassem as reivindicações de liberdade de escravizados/as que se baseavam nos éditos reais de julho de 1315, que dispõem: "ninguém pode ser escravo no solo da França" e "o solo da França liberta o escravo que nele tocar". Naquele mesmo ano, 1776, uma comissão real defendia a proibição da entrada de pessoas negras e a proibição do casamento entre negros/as e brancos/as, e mesmo entre pessoas negras. Era preciso criar obstáculos à reivindicação de liberdade de negros/as trazidos para a França pelos escravistas e à constituição de comunidades negras. Em 7 de agosto de 1777, foi criada uma "polícia dos negros" que instaurou, em cada porto francês, espaços de detenção para pessoas escravizadas durante a estada de seus proprietários na França. A partir de 11 de janeiro de 1778, todos os negros e todas as negras recenseados/as deveriam portar um documento de identificação (ou "*cartouche*") que indicasse seu nome, sua idade e o nome do seu senhor, sob pena de serem mandados/as de volta às colônias. Se tais negros/as não pudessem apresentar esse documento, seriam aprisionados/as e interrogados/as. Se a polícia fosse capaz de restituir sua identidade, o/a escravizado/a seria libertado/a, mas mesmo assim seria levado/a ao depósito para sua expulsão, e o seu proprietário deveria pagar a multa prevista.[21] A Revolução Francesa põe fim a essas medidas e, sob o impulso da insurreição dos/as escravizados/as iniciada em 1791

---

[21] Ver Hurard Bellance, *La Police des Noirs en Amérique (Martinique, Guadeloupe, Guyane, Saint-Domingue) et en France aux xvııe et xvıııe siècles*. Matoury: Ibis Rouge, 2011.

na colônia de Saint-Domingue (futuro Haiti), abole a escravidão em 4 de fevereiro de 1794 (ela fora abolida em Saint-Domingue em 1793). Esse decreto teve eficácia apenas em Guadalupe – em Bourbon (Ilha da Reunião), na Île-de-France (Maurício), na Martinica (sob ocupação inglesa) e na Guiana ele foi recusado pelos escravagistas. O mundo escravista, aterrorizado pela insurreição de negros e negras de Saint-Domingue e pela abolição da escravidão em Guadalupe, preparou sua ofensiva. No início do século XIX, proprietários de escravos de colônias francesas que haviam se refugiado nos Estados Unidos e o *lobby* colonial na França desenvolviam seus argumentos a favor do restabelecimento ou da manutenção da escravidão. Esse objetivo encontrou apoio entre os antirrevolucionários e um aliado em Napoleão Bonaparte. O racismo antinegro está no cerne da propaganda para o restabelecimento da escravidão, justificada pelo comportamento dos "negros de Guadalupe", isto é, pelos "crimes graves cometidos por esses negros em sua resistência ilícita e em sua rebelião", e "principalmente [pelo] uso medonho que os negros de Guadalupe fizeram da liberdade, armando seus braços parricidas contra o governo da metrópole, desobedecendo às suas ordens, combatendo com o uso da força suas tropas vitoriosas, destruindo fábricas, incendiando cidades e campos, sufocando até as formas mais embrionárias de propriedade legítima". "O exemplo das Colônias vizinhas, onde a escravidão subsiste", oferece "um contraste marcante de prosperidade, tranquilidade interior", onde, além de tudo, reina a harmonia social, pois a observância dos "deveres recíprocos" entre senhores e escravos "é a medida da felicidade que pertence a cada classe".[22] O acesso aos direitos não é universal porque pessoas negras não sabem fazer bom uso

---

22 Decreto de maio de 1802 que restabelece a escravidão.

da liberdade, arruínam a economia e contestam a propriedade privada. O que o autor desse documento oficial chama de "parricídio" era a vontade de se desfazer do poder colonial, no âmbito do qual nenhuma proteção contra a crueldade e os abusos de poder era garantida, e de instituir formas próprias de proteção. No fim de março de 1802, surge a obra de Baudry Deslozières, *Les Égarements du nigrophilisme* [Os desvios do negrofilismo], na qual o autor escreve:

> Contra a nossa própria vontade, chegamos à prova natural de que sua espécie [a do N...] é depravada, é a classe mais imperfeita, mais sombria, mais incapaz de esclarecimento, mais viciada e mais incorrigível da humanidade. Chegamos à conclusão de que essa espécie não é feita para a liberdade dos brancos, e sua conduta até o momento prova cada vez mais essa verdade.[23]

Em 16 de maio de 1802 (27 de floreal, ano 10), o porta-voz do governo, Adet, apresenta ao Tribunato o projeto de lei de restabelecimento da escravidão, dando destaque aos interesses econômicos:

> Apesar do horror que ela desperta, [a escravidão] é útil na organização atual das sociedades europeias; nenhum povo pode renun-

---

[23] Louis-Narcisse Baudry Deslozières, *Les Égarements du nigrophilisme*. Paris: Chez Migneret, 22 mar. 1802, p. 109. O livro, dedicado a Josefina de Beauharnais, é uma longa defesa negrofóbica do restabelecimento da escravidão e uma recensão de argumentos que ainda hoje ouvimos para amortecer a responsabilidade europeia na escravidão: esta teria libertado da barbárie e da selvageria um continente mergulhado na guerra e na tirania. O/a africano/a, guiado/a por sua "animalidade" e sua preguiça natural, seria incapaz de compreender o que a liberdade significa.

ciar a ela sem comprometer os interesses de outras nações [...]. Ao se deixar levar por um sentimento que o honra, você sacrifica, em prol dos negros, os interesses do seu país, destruindo uma instituição necessária às colônias que se tornaram, elas próprias, necessárias à nossa existência.

O projeto foi adotado pelo Tribunato com uma maioria de 54 votos contra 27. O decreto que restabelecia a escravidão foi emitido em 20 de maio de 1802:

> Em nome do povo francês, Bonaparte, primeiro Cônsul, proclama lei da República o seguinte decreto, entregue pelo Corpo Legislativo no 30 de floreal, ano 10, em conformidade com a proposta feita pelo governo no dia 27 do referido mês, comunicada ao Tribunato no mesmo dia.

O artigo primeiro é claro: "Nas colônias devolvidas à França em cumprimento do Tratado de Amiens, do 6 de germinal, ano 10, a escravidão será mantida em conformidade com as leis e os regulamentos anteriores a 1789". O tráfico também foi declarado em conformidade com a lei da República. Uma república que restabeleceu leis raciais com seu "Edito que proíbe aos negros, mulatos e outras pessoas de cor entrar sem autorização no território continental da República. No 13 de messidor, ano 10 da República una e indivisível", proibiam-se "todos os estrangeiros de levarem para o território continental da República qualquer negro, mulato ou outras pessoas de cor, de um e de outro sexo"; proibiam-se também

> todos os negros, mulatos ou outras pessoas de cor, de um e de outro sexo, que não estiverem mais a trabalho, de entrarem futura-

mente no território continental da República, mediante qualquer causa ou pretexto, exceto se estiverem munidos de uma autorização especial dos magistrados das colônias de onde vieram ou, caso não venham das colônias, de uma autorização do ministro da Marinha e das Colônias.[24]

Esses fatos, frequentemente negligenciados na narrativa nacional francesa, mostram toda a dificuldade de se aceitar, na França, mesmo sob os auspícios da República, a igualdade entre negros/as e brancos/as. Mostram também, contrariamente a uma narrativa que suaviza e neutraliza a história, a importância da raça na constituição da nação. Ao mesmo tempo, o restabelecimento da escravidão instaura os marcos de uma igualdade impossível.

Nas colônias, o restabelecimento da escravidão coincide com o da supremacia branca. Os generais Richepanse e Gobert desembarcaram na ilha de Guadalupe em 28 de maio de 1802 com 4 mil homens enviados por Napoleão para fazer valer o decreto do restabelecimento da escravidão. Richepanse declarou: "Na extensão desta ilha, o título de cidadão francês *só pode ser recebido pelos brancos*. Nenhum outro indivíduo poderá adquirir esse título nem exercer as funções ou empregos atrelados a ele".[25] As colônias, dizia ele, foram formadas pelos brancos, que são os "nativos da nação francesa".[26] É possível ser mais claro? Em Saint-Domingue, o visconde de Rochambeau, enviado por Napoleão para acabar com a insurreição, levara de Cuba cachor-

---

24 *Bulletin des lois de la République française*, s. 3, t. 6, n. 219, decreto n. 2001.
25 "Arrêté du général Richepance restreignant le titre de citoyens aux seuls Blancs". Basse-Terre: 17 jul. 1802, in pyepimanla.blogspot.
26 Ibid.

ros que ele deixou sem comida e loucos de raiva para depois jogá-los nos escravos ao som da música militar, dos incentivos e dos aplausos da multidão. Os testemunhos descrevem os refinamentos perversos de uma sociedade que se vingava, com furor, de seu próprio medo.[27] Enquanto Pauline Bonaparte e sua corte rivalizavam em elegância com as "mulatas" em bailes suntuosos, os soldados ateavam fogo, saqueavam e estupravam. Nos últimos dias da colônia Saint-Domingue, o dinheiro, as intrigas, a ganância, a avareza, a busca por prazer e luxo dominavam a sociedade colonial branca. Dessalines descreve os soldados franceses como "tigres sedentos de sangue". Em seu Manifesto de 1814, o então rei de Saint-Domingue, Henri Christophe, evoca "as forcas erigidas por toda parte, os afogamentos, as piras, os mais terríveis suplícios [que] foram executados seguindo ordens suas". A vitória dos escravizados coloca fim a essa réplica do Antigo Regime nos trópicos. Mais de 10 mil fazendeiros [*planteurs*] deixam a ilha; eles passariam a alimentar o medo das revoltas dos escravizados, brandindo sistematicamente a ameaça de outro Haiti e publicando relatórios que retratam a Revolução Haitiana como um levante bárbaro e sangrento. Por que relembrar esses fatos? Porque eles fazem parte da história das políticas estatais de proteção, de sua racialização e de seu sexismo; porque eles explicam, em particular, as proibições raciais no sentido de formar comunidade.

---

27 Ver o belíssimo capítulo dedicado a esse período: "Last Days of Saint-Domingue", in Joan Dayan, *Haiti, History, and the Gods*. Berkeley: University of California Press, 1998.

A proibição de formar comunidade

A reprodução, escreve Arlette Gautier, não garantiu às mulheres negras uma vida melhor.[28] Nas plantações de Saint-Domingue,

> o trabalho e a desnutrição das mulheres têm repercussões terríveis em sua fecundidade. Apesar disso, no último terço do século XVIII, diante do rápido aumento do preço de escravizados provenientes do tráfico e contrariamente às décadas passadas, quando se preferia comprar escravizados, a tendência dos grandes engenhos de açúcar é incentivar as mulheres escravizadas a terem o máximo de filhos. A gravidez é sempre delicada: abortos (espontâneos e provocados) e infanticídios são frequentes. Se as fontes escritas não nos permitem saber se essas práticas diminuem ou aumentam ao longo dos anos, as medidas tomadas para combatê-las e reprimi-las parecem cada vez mais frequentes.[29]

Em 1763, de acordo com um relatório do governador da Martinica, os colonos obrigavam as mulheres a trabalhar até o último momento da gravidez, espancavam-nas por serem muito lentas e mandavam-nas de volta ao trabalho logo após o parto, deixando os bebês morrerem.[30] Em 1838, quando já não podiam contar com o tráfico, os fazendeiros da ilha se opuseram a um projeto que instituía licenças para as mulheres grávidas e puérperas, pois isso violava o direito de propriedade deles.

[28] Arlette Gautier, "Sous l'Esclavage, le patriarcat". *Nouvelles Questions féministes*, n. 9–10, 1985.
[29] Karen Bourdier, "Les Conditions sanitaires sur les habitations sucrières de Saint-Domingue à la fin du siècle". *Dix-Huitième Siècle*, v. 43, n. 1, Paris, 2011.
[30] Ibid., p. 13.

Os escravagistas negavam as diferenças entre mulheres e homens escravizado/as e as instrumentalizavam – igualmente submissos à exploração sexual como reprodutores, os homens podiam ocupar postos técnicos ou de comando na plantação, enquanto as mulheres, além de serem encarregadas do cuidado, da cozinha e da reprodução, eram objeto de exploração sexual. Os/as escravizados/as, que sofreram com a ausência de diferenciação sexual no trabalho, buscavam recriá-la fora do mundo dominado por escravagistas.[31] Historiadores/as estadunidenses e brasileiros/as mostraram, graças aos relatos de pessoas escravizadas ou estudos longitudinais, "que os/as escravizados/as davam uma grande importância à família e gastavam muita energia para manter os vínculos, apesar das separações durante a escravidão, e, mais tarde, para reencontrar-se após a abolição".[32] Conscientes não apenas da ausência de proteção no sistema de *plantation*, mas também da vontade de obstaculizar toda e qualquer estratégia de proteção comunitária, mulheres e homens negros/as desenvolveram seus próprios sistemas de proteção, em todos os níveis.

As violências contra as mulheres escravizadas não são nem um episódio infeliz de uma história infeliz nem o único exemplo das violências coloniais. Negligenciá-las perpetua a ilusão de que a história das racializações durante a escravidão estaria desconectada dessas violências de gênero – sobretudo se considerarmos que o abolicionismo não tentou acabar com elas. A doutrina abolicionista francesa deu uma justificativa moral para a conquista colonial pós-escravista, alegando que se

[31] Jacqueline Jones, *Labor of Love, Labor of Sorrow: Black Women, Work, and the Family, from Slavery to the Present*. New York: Basic Books, 1985.
[32] A. Gautier, "Les Esclaves femmes du Nouveau Monde". Colóquio "Femmes et esclavage", 7–8 nov. 2001, in genreenaction.net.

tratava de salvar as populações escravizadas por uma monarquia feudal e escravista (como em Madagascar) ou submetidas ao despotismo oriental (como na Argélia) ou, ainda, entregues à barbárie (como na África).[33] Uma vez estabelecido em suas funções, o governo provisório da República, que decretara a abolição da escravidão nas colônias francesas em 27 de abril de 1848, proclamou que, dali em diante, a Argélia seria constitucionalmente parte integrante da França. Entre 1842 e 1848, o Instituto da África, do qual faziam parte os abolicionistas, defendia que a colonização do continente e a abolição da escravidão e do tráfico eram suscetíveis de favorecer a regeneração do povo africano. Em maio de 1846, Victor Schœlcher, um dos fundadores da Société Française pour l'Abolition de l'Esclavage [Sociedade francesa pela abolição da escravidão], propôs ao grupo lançar um abaixo-assinado em favor da libertação dos/as escravizados/as na Argélia, enquanto a França prosseguia com a conquista colonial daquele país. O muçulmano torna-se a própria figura do bárbaro, o oposto do europeu civilizado e, portanto, abolicionista.[34] Em Comores, Zanzibar e Madagascar, antigos centros de tráfico no oceano Índico, pessoas escravizadas capturadas na África eram vendidas como "recrutadas livres" e enviadas às Américas ou às colônias do oceano Índico. Na colônia prevalecia um regime no qual o escravista se comportava como patriarca sádico, violento e tirânico. Para

---

[33] F. Vergès, *Abolir l'Esclavage: une utopie coloniale. Les Ambiguïtés d'une politique humanitaire*. Paris: Albin Michel, 2001.
[34] Ver Francis Arzalier, "Les Mutations de l'idéologie coloniale en France avant 1848: de l'esclavagisme à l'abolitionnisme", in Marcel Dorigny (org.), *Les Abolitions de l'esclavage de L. F. Sonthonoax à V. Schoelcher*. Paris/Saint-Denis: PUV Editions/Unesco, 1995. Robin Blackburn, *The Overthrow of Colonial Slavery, 1776–1848*. London: Verso, 1988.

que a colonização republicana pudesse acontecer, essa figura negativa do escravista deveria ser apagada e substituída por aquela do patriarca republicano, severo porém bondoso, e pela da mãe pátria, benevolente. Na Ilha da Reunião, esse processo se resume assim: *La sène fini kasé, zesclav touzour amaré* (As correntes da escravidão foram rompidas, mas os escravos continuam acorrentados – provérbio crioulo reunionense).

No que diz respeito às proibições de formar comunidade, não podemos nos esquecer da proibição da infância. Os estudos de sociologia e psicologia nos mostram como meninas e meninos de classes populares, urbanas e rurais, ao seguir sua trajetória, são submetidos cotidianamente a tratamentos diferentes dos dispensados às crianças da burguesia.[35] Os estudos sobre a infância racializada são mais escassos. Poucas noções definem essa condição na qual o Estado nega às crianças o direito à infância. Se o caso das crianças autóctones no Canadá, nos Estados Unidos e na Austrália, que foram arrancadas de sua família e confinadas em orfanatos, é pouco conhecido, o da negação racial da infância na França o é ainda menos. A professora de criminologia e de direito Nadera Shalhoub-Kevorkian, de origem palestina, propôs a noção de *unchilding* (desenfantizar) para designar as políticas estatais que negam às crianças o direito de ser crianças.[36] Essa negação revela, da parte do Estado, uma gestão dife-

---

[35] Ver Michèle Becquemin e Michel Chauvière, "L'Enfance en danger: genèse et évolution d'une politique de protection". *Enfances & Psy*, v. 3, n. 60, Paris, 2013.

[36] Nadera Shalhoub-Kevorkian, *Incarcerated Childhood and the Politics of Unchilding*. Cambridge: Cambridge University Press, 2019. Ver também Id., *Militarization and Violence against Women in Conflict Zones in the Middle East: A Palestinian Case-Study*. Cambridge: Cambridge University Press, 2009; *Women and Political Conflict: The Case of Palestinian Women in Jerusalem*. Jerusalem: Women's Studies Center, 2006;

renciada de proteção da infância em função da raça, da classe, da idade e do gênero. A proibição de ter uma infância, de "formar comunidade", é reflexo das violências sistêmicas e raciais do Estado. E não faltam exemplos. Citemos as "crianças de Creuse" – as 2.150 crianças reunionenses arrancadas de seus pais e familiares entre 1963 e 1982 para ser adotadas, servir de mão de obra gratuita nas fazendas ou de "faz-tudo" –[37] e Zyed Benna e Bouna Traoré, com 17 e 15 anos respectivamente, eletrocutados em 27 de outubro de 2005 em Clichy-sous-Bois (o resultado de um processo judicial que durou dez anos, finalizado em maio de 2015, foi o relaxamento da pena de dois policiais processados por "omissão de socorro"). Adel Benna, irmão de Zyed, declarou na ocasião: "A França se tornou um pesadelo, a islamofobia e o racismo não param de crescer".[38] E acrescentou: "Nós podemos nos resignar com a morte de Zyed, pois acreditamos no destino. Mas a injustiça que persiste macula a sua memória".[39] Dois jovens recém-saídos da infância cujo assassinato não é lamentado por toda a França. Eles não merecem, ao que parece, o nome de crianças; seu terror durante a perseguição por adultos policiais, sua angústia, seu pavor, seu pânico ao se esconderem em uma

Birthing in Occupied East Jerusalem: Palestinian Women's Experience of Pregnancy and Delivery. Jerusalem: YWCA, 2012.

[37] Ver Ivan Jablonka, *Enfants en exil: transfert de pupilles réunionnais en métropole (1963–1982)*. Paris: Seuil, 2007. Gilles Ascaride, Corine Spagnoli e Philippe Vitale, *Tristes Tropiques de la Creuse*. Ille-sur-Têt: Éditions K'A, 2004. Jean-Jacques Martial, *Une Enfance volée*. Paris: Les Quatre Chemins, 2003. Jean-Pierre Gosse, *La Bête que j'ai été: le témoignage d'un Réunionnais déporté dans la Creuse en 1966*. Céret: Éditions Alter Ego, 2005.

[38] "Pour Adel Benna, frère de Zyed, 'la France est devenue un cauchemar'". *20 minutes*, 25 out. 2015.

[39] Ibid.

estação elétrica e se depararem com a morte não fazem parte dos relatos sobre a infância perseguida e brutalizada. A esse respeito, podemos evocar exames de idade óssea que servem para determinar se um imigrante é menor ou maior. Ora, esses testes, fundados em estatísticas coletadas entre 1935 e 1941 de crianças estadunidenses de classes altas, e nos quais a margem de erro é considerável, não podem ser fiáveis. "Um adolescente de 14 anos pode apresentar a maturação óssea de um adulto",[40] declara a advogada Isabelle Zribi. Nesse mesmo registro, deve-se mencionar os centros de detenção de menores, nos quais o isolamento conduz a suicídios e à prática de automutilação, ou mesmo o caso das crianças de rua; podemos também pensar nas crianças nos campos de refugiados/as na Grécia, na Síria, na França e em Bangladesh que se suicidam, não têm acesso à escola e são alvo de violências sexuais. Ao mesmo tempo que se proliferam as leis de proteção e de tipificação dos crimes cometidos contra menores, há menores que não têm direito à proteção. Na esteira da observação da filósofa jamaicana Sylvia Wynter, segundo a qual vivemos hoje na representação ficcional, criada no século XVI, que transforma o humano em Homem universal (isto é, branco e cristão), poderíamos dizer que a infância é uma ficção criada na Europa ao longo de séculos e que toma como medida uma criança branca, masculina e burguesa.[41] Se for um menino bem nascido, essa criança pode ter a garantia da proteção da nação; se for uma menina, deverá passar pelo crivo de diversos critérios, mas o feminismo de Estado lutou para que seus direitos fossem reconhecidos.

---

[40] "Mineur ou majeur? Les tests osseux pour les jeunes migrants devant le Conseil constitutionnel". *La Croix,* 12 mar. 2019. Oriane Mollaret, "Mineurs isolés étrangers: les tests osseux en question". *Politis,* 12 mar. 2019.
[41] Verbete "Wynter, Sylvia", in globalsocialtheory.org.

Minha posição, que dá ênfase ao imperativo, para os/as racializados/as, de formar comunidade, difere bastante nesse ponto da de Donna Haraway, para quem "fazer parentes é fazer pessoas, não necessariamente como indivíduos ou como seres humanos", mas como elementos de um todo, animais, plantas, matéria animada e inanimada.[42] Eu entendo o que ela quer dizer quando escreve que "culpar o capitalismo, o imperialismo, o neoliberalismo, a modernização ou outro 'não nós' pela destruição em curso [...] também não vai funcionar",[43] mas não posso deixar de lado o fato de que nem todo mundo tem o mesmo direito de fazer parentes. É certo que, em seu apelo pela criação de novas formas de parentesco, ela cita as "'*kinnovations*' (formas [inovadoras] de fazer parentes) não natais entre indivíduos e coletivos dos mundos *queer*, decoloniais e indígenas",[44] que são mais interessantes do que aquelas "dos segmentos ricos e de extração de riqueza europeus, euro-americanos, chineses ou indianos", mas ela negligencia a história racial das proibições de fazer parentes. A ideologia do "populacionismo", que se aplica às sociedades do Sul global, postula que a população é o

---

42 Donna Haraway, "Antropoceno, Capitaloceno, Plantationoceno, Chthuluceno: fazendo parentes" [2015], trad. Susana Dias, Mara Verônica e Ana Godoy. *ClimaCom*, ano 3, n. 5, Campinas, 2016.
43 Ibid.
44 Na tradução brasileira do referido texto de D. Haraway, optou-se por "parentes-inovadores" para "*kinnovations*" e por "descolonial" para "decolonial". Aqui, mantivemos o neologismo "*kinnovations*" em inglês, tal como o faz Françoise Vergès, e também o termo "decolonial", já de uso corrente no Brasil, para designar o enfrentamento do legado de opressão que se mantém mesmo após a independência dos territórios colonizados. Nas demais citações desse texto de Haraway, usamos a tradução brasileira já citada. [N. T.]

principal motor dos problemas sociais, políticos e ecológicos.[45] Assim, o controle da população é visto como uma política de redução coercitiva e, às vezes, violenta da fertilidade, que com muita frequência tem por alvo as mulheres pobres e de cor, particularmente no Sul mundial, mas também no Norte.

Para Ian Angus e Simon Butler, o populacionismo engendra um conjunto mais vasto de processos que restringem os corpos, as famílias e as comunidades, produzindo espaços segmentados e segregados e determinando quais vidas são preciosas e reproduzíveis e quais não são.[46] Dito isso, não é surpreendente que fundações grandes e potentes invistam na contracepção das mulheres do Sul. Kalpana Wilson lembra que, durante a Cúpula de Londres de 2012 sobre planejamento familiar, a Fundação Bill & Melinda Gates, em parceria com a Agência dos Estados Unidos para o Desenvolvimento Internacional (Usaid), o Departamento para o Desenvolvimento Internacional (DFID), o Fundo de População das Nações Unidas (UNFPA), a sociedade farmacêutica Pfizer e a ONG americana Path anunciaram uma nova colaboração que visa "alcançar" 3 milhões de mulheres na África subsaariana e na Ásia Meridional, em três anos, com 12 milhões de doses do contraceptivo Depo-Provera.[47] Outro exemplo foi a iniciativa do DFID com a Merck para promover o implante contraceptivo Implanon em "14,5 milhões das mulheres mais pobres"[48] até 2015. A morte de treze mulheres que foram submetidas a uma intervenção cirúrgica nos campos de

---

45 Ian Angus et al. (orgs.), *Too Many People? Population, Immigration and the Environmental Crisis*. Chicago: Haymarket Books, 2011.
46 Ibid.
47 Kalpana Wilson, "The New Global Population Control Policies: Fuelling India's Sterilization Atrocities". *Different Takes*, n. 87, 2015, p. 3.
48 Ibid., p. 1.

esterilização de Chatisgar (Índia), em novembro de 2014, é apenas um dentre tantos exemplos de atrocidades e experimentações perpetradas contra as mulheres pobres e marginalizadas.[49] Longe de "dar às mulheres pobres do Sul global o acesso indispensável a uma contracepção segura que elas possam controlar, essas políticas as desumanizam, considerando-as 'excessivamente reprodutivas', e fixam 'alvos' que fazem com que atrocidades como as de Chatisgar sejam possíveis".[50] As políticas contemporâneas de controle da população permanecem enraizadas em ideias profundamente imperialistas, racistas e patriarcais. A experimentação de contraceptivos e de meios de esterilização extremamente perigosos para a saúde em mulheres e meninas do Sul representa um mercado muito lucrativo. Na realidade, o mercado mundial de contraceptivos passou de 11,2 bilhões de dólares em 2008 para 14,5 bilhões de dólares em 2016, e os investimentos nos países do Sul aumentaram consideravelmente.

49 Ibid.
50 Ibid., p. 3.

3
O IMPASSE DO FEMINISMO PUNITIVISTA

"O medo deve mudar de lado"

"Quantos estupradores precisaremos matar para que os homens parem de estuprar as mulheres?",[1] perguntava a feminista egípcia Mona Eltahawy em uma entrevista no dia 27 de dezembro de 2019 a um canal australiano. A censura desse trecho durante a retransmissão do programa é, aos olhos de Eltahawy, a prova de que o Estado só aceita a condenação do estupro se puder impor não só o vocabulário e o enquadramento a partir dos quais essa condenação será formulada mas, até mesmo, a solução. Uma mulher pode matar em legítima defesa e receber indulto da sociedade e do Estado se ela encarnar a figura da vítima total. É uma política de defesa completamente outra que a filósofa Elsa Dorlin desenvolve em sua obra *Autodefesa*. A passagem para a violência, ela escreve, na perspectiva das feministas é "a consequência lógica de um Estado que estruturalmente oprime as mulheres e as relega a uma posição minoritária".[2] Que razões teriam as mulheres para confiar sua defesa ao Estado, "[uma vez que] ele é justo o responsável por armar

---

[1] Leila Ettachfini, "Mona Eltahawy Would Like You to Fuck Right Off with your Civility Politics". *Vice*, 27 dez. 2019.
[2] E. Dorlin, *Autodefesa*, op. cit., p. 102.

aqueles que *nos* golpeiam"?[3] Tendo sido historicamente estabelecida uma licença para matar, a autodefesa é um "processo de reumanização",[4] escreve Dorlin. É, antes de mais nada, a superação do medo imposto por séculos de opressão, de assassinatos, de tortura, de silenciamento, assim como por técnicas constantemente revistas e readaptadas que podem fazer o medo mudar de lado. Em outras palavras, estamos falando da organização da autodefesa.

A civilidade e a respeitabilidade que feministas brancas e burguesas defendem não oferecem a força e a energia necessárias para combater a dominação e a opressão. Ao contrário, elas contribuem para a manutenção das violências, diz Eltahawy, e mostram que estão a serviço do patriarcado e da supremacia branca. Ao se recusarem a ser "educadas", "amáveis" ou "respeitáveis", as feministas evidenciam a violência dissimulada que a respeitabilidade impõe e que se resume assim: "Você está autorizada a falar, se respeitar as leis patriarcais". Com o seu "Fuck you feminism", Mona Eltahawy nos convida a olhar nos olhos do patriarcado e dizer: "Eu vou foder com você" (*I'm going to fucking destroy you*).[5] As mulheres do Sul global ficam entre a cruz e a espada, ela escreve. A cruz é o racismo e a misoginia do Ocidente, que, embora indiferente à misoginia e ao patriarcado, declara sua vontade de salvar as mulheres que vivem "em outro lugar" – um "outro lugar" que não é nem ocidental nem branco. A espada são as nossas comunidades, que querem que as mulheres se calem, pois, ao falar, elas as prejudicariam. Essa

[3] Ibid.
[4] Ibid., p. 119.
[5] L. Ettachfini, "Mona Eltahawy Would Like You to Fuck Right Off with your Civility Politics", op. cit.

crítica da escolha entre dois patriarcados, entre dois machismos, em nome das prioridades da luta, foi longamente discutida por feministas negras e racializadas. Conscientes de que esses dois patriarcados e machismos não são simétricos diante do poder branco, de que os homens racializados são alvo da violência da supremacia branca e de seu cúmplice feminista, elas defendem uma teoria e uma prática que visem à emergência de uma sociedade despatriarcalizada, pós-racista e pós-capitalista. Fazer com que o medo mude de lado se torna um projeto político.

Tendo testemunhado a violência do Estado que proibia a realização de encontros ou manifestações em espaços públicos, a violência das milícias privadas armadas pelos grandes proprietários brancos da Ilha da Reunião, que ameaçavam de estupro ou de morte os/as militantes anticolonialistas, eu rapidamente entendi que o espaço público não era neutro. A coragem das classes populares de enfrentar as CRS[6] e as milícias armadas para libertar esse espaço preservou em mim a ideia de que o Estado exerce um monopólio total sobre o espaço público. Mas, mesmo que tenha sido estimulada a sentir curiosidade pelo mundo, aprendi a permanecer vigilante na plataforma de uma estação deserta ao escurecer; comprei apitos; aprendi, ao voltar para casa tarde da noite, a identificar de longe os lugares abertos e iluminados – cafés, restaurantes, lojas; aprendi a segurar com firmeza uma chave entre dois dedos e a mirar no pescoço; fiz aulas de judô; aprendi a não chamar a atenção ou, ao contrário, a fazê-lo; a trancar bem as portas e janelas; a andar nos corredores vazios com uma postura firme;

---

6 Compagnies Républicaines de Sécurité [Companhias Republicanas de Segurança], corpo especializado da Polícia Nacional francesa que, entre outros domínios, atua na manutenção ou no restabelecimento da ordem pública, sendo responsável, inclusive, pelo controle de multidões. [N. T.]

esperei minhas amigas entrarem em casa e trancarem as portas antes de dar partida no carro; gastei com táxi um dinheiro que não tinha para voltar de uma festa; no ano em que me hospedei, na Califórnia do Sul, em motéis baratos frequentados por marinheiros que faziam a festa, adquiri o hábito de colocar um móvel contra a porta e de nunca abri-la. E, por diversas vezes, sonhei que tinha ganhado um superpoder físico e passei horas imaginando cenários de vingança de uma humilhação ou um abuso para fazer o medo mudar de lado, algo que me daria certa satisfação. O romance *O poder*, de Naomi Alderman, publicado em inglês em 2016, coloca em cena essa inversão radical: nos quatro cantos do mundo, as mulheres descobrem que detêm um poder, qual seja, emitir descargas elétricas mortais fazendo um simples gesto com os dedos; e elas o utilizam para se defender ou se vingar de abusos cometidos por homens (enclausuramento, negação de direitos, abusos sexuais, estupros).[7] Esse poder é adquirido após a poluição maciça de rios e fontes de água provocada por experiências científicas militares – o que é o mesmo que dizer que os homens foram punidos por suas próprias ações. Trata-se, assim, de um cenário no qual a inversão do poder é uma consequência do abuso do poder. Mas o romance termina mostrando mulheres que instituem religiões punitivistas, criam exércitos imperialistas, fazem dos homens uma categoria a ser explorada e escravizada. Se o início do romance *O poder* pode ser lido como uma "fábula do *empoderamento* que busca produzir uma subjetividade potente contra representações vitimizantes",[8] é o poder de matar

---

[7] Naomi Alderman, *O poder* [2016], trad. Rogério Galindo. São Paulo: Minotauro, 2018.
[8] E. Dorlin, *Autodefesa*, op. cit., p. 261. Ver também, da mesma autora: "Autodéfense et sécurité", in tarage.noblogs.org.

que garante a inversão. Precisamos, então, ser mais criativas: vencer o medo sem nos valer do medo e do terror, invertendo a dominação.

Conforme lembra Agnès Giard, o medo foi

> coletivamente construído como uma característica feminina. Em outras palavras: uma verdadeira mulher deve sentir medo para que sua forma de ocupar o espaço público se diferencie daquela do homem. Ao sentir medo, a mulher precisa criar estratégias de evitamento. Colocar fones de ouvido. Fingir que está usando o celular. Baixar os olhos, evitar as roupas sexy. Às vezes, a mulher precisa até se autoexcluir de determinados espaços. Essa rua não. Esse bairro não. A essa hora não. Atenção aos contraventores, que atentam contra a ordem: "Me dá o seu cu", "Quer foder?", "Gostosa!". Elas são intimidadas. É preciso que sintam medo. Os pais são os primeiros a inculcar nas filhas o sentimento de que sua presença é "ilegítima" após determinados horários e em certos lugares. Ultrapassar esses limites espaciais é se expor ao risco de violências.[9]

Enquanto os estudos mostram que a violência se exerce antes de tudo no espaço íntimo (é esse espaço que representa um perigo mortal para as mulheres), o espaço público que acaba sendo percebido como o mais perigoso.[10] Para Valérie Rey-Robert,

---

9 Agnès Giard, "Pourquoi les Femmes ont-elles peur dans la rue?". *Libération*, 6 jan. 2020. Ver também Titiou Lecoq, "Intimité et loup", in Muriel Flis-Trèves e René Frydman (orgs.), *Intimités en danger?*. Paris: PUF, 2019.
10 Ver Valérie Rey-Robert, *Une Culture du viol à la française*. Paris: Libertalia, 2019. Noémie Richard e Michelle Perrot, *En Finir com la culture du viol*. Paris: Les Petits Matins, 2018.

autora de *Une Culture du viol à la française* [Uma cultura do estupro ao modo francês],

> as mulheres revelam ter medo principalmente de dois tipos de espaços: os grandes e abertos, com frequência desertos, como parques, bosques, florestas, terrenos baldios ou mesmo o campo, e os espaços fechados, com saídas limitadas, nos quais homens podem se esconder e atacá-las sem que elas tenham a possibilidade de fugir.[11]

A arquitetura das cidades não foi pensada para estimular uma vida social sossegada; ela é hostil às mulheres, particularmente às mulheres racializadas, às pessoas sem-teto, refugiadas, idosas, imigrantes, pobres, com deficiência, negras e árabes. A cidade é organizada para obstruir a circulação dessas pessoas, ela comporta "muros invisíveis" que racializados/as, mulheres e crianças devem aprender a identificar para contornar e evitar. Para o geógrafo Yves Raibaud, as políticas públicas obedecem a "códigos normativos masculinos",[12] mas também sociais e raciais. A violência que a arquitetura da cidade normaliza e naturaliza não pode ser abolida por um recrudescimento da polícia militarizada e da vigilância. As cidades devem ser reapropriadas por aquelas e aqueles que foram historicamente excluídos/as em favor de sua transformação em cidades burguesas, hostis e inóspitas.

---

[11] Ver V. Rey-Robert, *Une Culture du viol à la française*, op. cit., p. 242.
[12] Apud ibid., p. 248.

O desejo de vingança, a sede de punição

Em todos os lugares do mundo, as mulheres são atingidas de modo desproporcional por violências sistêmicas, de gênero e sexuais, pela falta de acesso à terra, por discriminações e pela exploração no mundo do trabalho. Todos os dias, em média 137 mulheres são assassinadas no mundo por alguém próximo. Dentre essas, mais de um terço é assassinada pelo cônjuge ou ex-cônjuge.[13] Por volta de 15 milhões de adolescentes (com idade entre quinze e dezenove anos), no mundo, foram submetidas a relações sexuais forçadas (penetração ou outros atos sexuais impostos à força) em algum momento da vida.[14] De acordo com a ONU Mulheres, "35% das mulheres no mundo foram submetidas a violências físicas e/ou sexuais por um parceiro íntimo ou a violências sexuais por uma pessoa qualquer (sem considerar o assédio sexual) em algum momento da vida".[15] As pessoas trans e aquelas que se recusam a identificar-se com um gênero são as mais visadas pelas violências, mas, como nem todos os ataques às mulheres – cis, trans, lésbicas – e às pessoas não binárias, no período de um ano, são reportados, e considerando que as mulheres não brancas são sub-representadas nesses números – pois as violências cometidas contra elas, inclusive os assassinatos, não recebem a mesma atenção –, seria preciso incluir nessas estimativas as discriminações de raça, classe, gênero e sexualidade para dar conta da violência sistêmica contra as mulheres. Na África do Sul, uma mulher é assassinada a cada

---

[13] Ibid.
[14] ONU Mulheres, "Quelques Faits et chiffres: la violence à l'égard des femmes et des filles", nov. 2020.
[15] Ibid.

três horas[16] e 150 mulheres são estupradas por dia, sendo que as lésbicas são vítimas dos chamados estupros "corretivos", que supostamente as "curariam".[17] Na Espanha, no verão de 2019, após dezenove mulheres terem sido estupradas e assassinadas por um companheiro ou ex-companheiro, os movimentos feministas declararam estado de emergência.[18] Na Argentina, nos seis primeiros meses de 2019, foram identificados 155 feminicídios, dentre os quais seis de pessoas trans, e a maioria das vítimas tinha dezoito anos ou menos.[19] No Brasil, "as mulheres negras com frequência são vistas como objetos sexuais [...]. No mundo rural, muitas vezes elas são as primeiras vítimas de violências, inclusive sexuais".[20] Na França, todo ano, 220 mil mulheres adultas são vítimas de violências físicas e/ou sexuais por parte de seu companheiro ou ex-companheiro, e 43% das mulheres francesas declararam ter sido submetidas a atos sexuais não consentidos.[21] As mulheres que usam véu são coti-

---

[16] Kate Wilkinson, "Five Facts: Femicide in South Africa". *Africa Check*, 3 set. 2019; Thuso Khumalo, "South Africa Declares Femicide a National Crisis". *Voanews*, 20 set. 2019.

[17] Ray Mwareya-Mhondera, "South Africa's Brave Struggle Against Lesbian Hate Crimes". *Waging Nonviolence*, 3 mar. 2015; "Une Pétition contre le viol des lesbiennes en Afrique du Sud". *Slate*, 13 jan. 2011.

[18] Cathy Lafon, "Lutte contre les violences conjugales: l'Espagne pionnière en Europe". *Sud-Ouest*, 16 mar. 2019 ; "En Espagne, des milliers de personnes manifestent contre les violences faites aux femmes". *Le Monde*, 21 set. 2019.

[19] Lucas Robinson, "155 femicides in Argentina in first half of 2019". *Buenos Aires Times*, 31 ago. 2019.

[20] "Dans le Brésil d'aujourd'hui, que signifie être une femme, être noire, et faire de l'agroécologie?". *Terre Solidaire*, 2 jul. 2019.

[21] Instituto Francês de Opinião Pública (Ifop). Ver também N. Richard e M. Perrot, *En Finir avec la culture du viol*, op. cit.; Lauren Bastide, *Présentes*. Paris: Allary Éditions, 2020; ibid., *AfroFem Magazine*; Kharoll-Ann

dianamente discriminadas e perseguidas. Nos Estados Unidos, os índices de assassinatos de mulheres negras são superiores aos de todos os outros grupos de mulheres,[22] e as mulheres autóctones são as mais vulnerabilizadas, o que leva a um índice de suicídio muito alto entre elas.[23] Uma a cada três americanas vive na linha da pobreza ou abaixo dela, e, em Nova York, as estatísticas apontam que o número de mulheres negras que morrem durante o parto é doze vezes mais elevado do que o de mulheres brancas.[24] Meninas e meninos racializados/as com idade entre doze e catorze anos correm mais risco de serem estuprados/as e vítimas de agressão.[25] No Canadá, os grupos de mulheres autóctones estimam que mais de 4 mil dentre elas foram assassinadas ou desapareceram ao longo das últimas décadas, sob total indiferença por parte da polícia.[26] Na Índia, em 2019, aconteciam quatro estupros por hora.[27] Em 2012, o estupro coletivo e o assassinato de uma estudante em um ônibus em Nova Déli desencadearam um amplo movimento de protesto,

---

Souffrant, "Femmes noires et violence sexuelle: visibilité et stigmatisation". *Policy Options*, 3 mar. 2020.

[22] Maya Finoh e Jasmine Sankofa, "Legal System Has Failed Black Girls, Women, and Non-Binary Survivors of Violence". *Aclu*, 28 jan. 2019.

[23] Aubrey Hill, "Justice for Native American Women". *Center for Health Progress*, 7 nov. 2018.

[24] Amandine Bégot, "Aux États-Unis, les femmes noires davantage touchées par la mortalité maternelle". *RTL*, 5 fev. 2018.

[25] A. Hill, "Justice for Native American Women", op. cit.

[26] Jennifer Brant, "Femmes et filles autochtones disparues et assassinées au Canada". *Encyclopédie Canadienne*, 22 mar. 2017; Diane Poupeau, "Au Canada, des femmes autochtones sont tuées dans l'indifférence quasi générale". *Slate*, 20 jun. 2019. Ver também o filme de Kim O'Bomsawin, *Le Silence qui tue*, 2015–16.

[27] "Polls Ranks India the World's Most Dangerous Country for Women". *The Guardian*, 28 jun. 2018.

ao qual o governo respondeu com a proposta de aprovar a pena de morte para os estupradores. A violência contra as mulheres tem como resposta a violência do Estado contra os homens, sobretudo se eles forem *dalit*, como mostra o assassinato, pela polícia indiana, de quatro suspeitos de estupro coletivo de uma jovem de 27 anos.[28] No Parlamento Nacional, a deputada Jaya Bachchan considerava que os culpados deviam ser "linchados em público", e um de seus colegas reivindicava, além do registro dos criminosos sexuais, a castração dos estupradores.[29] A advogada e militante Vrinda Grover denuncia essa "violência arbitrária", exercida principalmente pela polícia indiana, que é com frequência acusada de execuções extrajudiciais quando se trata de cobrir investigações malfeitas ou de acalmar a opinião pública: "A polícia deve prestar contas. Em vez de prosseguir com uma investigação e reunir provas, o Estado comete assassinatos para satisfazer o público e se eximir de prestar contas".[30] Os dados também mostram que as mulheres que foram vítimas de violências físicas ou sexuais por parte de seus companheiros têm índices de depressão mais elevados do que as que não sofreram tais violências.[31] A essas violências sistêmicas acrescentam-se aquelas de uma pobreza organizada e de uma vulnerabilidade fabricada.[32] Esses números não dizem nada a respeito

---

[28] Le Monde e AFP, "En Inde, des manifestations de colère après le viol et le meurtre d'une jeune femme". *Le Monde*, 2 dez. 2019.
[29] Ibid.
[30] Le Monde e AFP, "Inde: quatre suspects du viol et du meurtre d'une femme abattus par la police lors d'une reconstitution". *Le Monde*, 6 dez. 2019.
[31] ONU Mulheres, "Quelques faits et chiffres", op. cit.
[32] Observatoire des Inégalités, "La Pauvreté selon le sexe", 26 set. 2017: "A pobreza não afeta do mesmo modo homens e mulheres em função da faixa etária. Antes dos dezoito anos, o índice de pobreza das meninas (abaixo do limiar de 50% do nível de vida médio) é equivalente ao dos

de cada vida singular e de sua complexidade, reduzem as experiências vividas a porcentagens, apagam as reações e as lutas, mas sua magnitude explica a raiva que pode se apoderar de nós com essas enumerações.

O desejo de vingança e punição é, portanto, bastante compreensível. Imaginar uma inversão de papéis, encurralar um homem para humilhá-lo, para fazer com que ele entenda concreta e fisicamente o que uma mulher sente quando um homem lhe impõe uma violência, é algo perfeitamente compreensível. Uma vez que a violência está associada a uma comunidade de homens, todos iguais e unidos em torno do ódio pelas mulheres e da vontade de humilhá-las, torturá-las e matá-las, o desejo de repressão se impõe quase espontaneamente. Essa violência não teria existido em todas as épocas? Em todas as culturas? O homem não seria estruturalmente violento e a mulher sempre sua vítima? As leis não seriam muito brandas, já que as violências não diminuem ou quase não diminuem? Os homens, vamos nos vingar deles! Afastá-los! Privá-los de seus direitos paternos! Que aprendam o que é ter medo, pavor, pânico e, então, que continuem aterrorizados, sentindo-se fracos, vivendo como vítimas! Que eles sejam os alvos de nossa raiva! Encurralemos os homens! Façamos com que o medo mude de lado! Mas, se todas as punições, as penas de morte, os linchamentos, as pri-

meninos (11%); as crianças são afetadas do mesmo modo pela pobreza dos pais. A discrepância aumenta quando se trata de jovens adultos [...]. As mulheres, mais frequentemente do que os homens, são chefes de família monoparental, tendo por renda apenas uma pensão ou um salário de meio período. A distância também é marcada entre os mais velhos: depois dos 75 anos, o índice de pobreza entre as mulheres é de 3,4% (no limiar de 50% do nível de vida médio), enquanto entre os homens é de 2,2%". [Em 2018, o limiar de pobreza de 50% do nível de vida médio correspondeu a 885 euros. – N. T.]

sões cada vez mais longas e a impossibilidade de reinserção não garantirem o fim da violência contra as mulheres; se, acuada por um momento, essa violência logo ressurgir com força e crueldade, quais são as medidas que farão o medo mudar de lado? O que leva os homens a matar? Por que as mulheres não são mais bem protegidas? Por que, de acordo com um estudo na França, são majoritariamente os homens abandonados que matam as mulheres que os deixaram? Por que os homens não são capazes de suportar o abandono, sendo que eles não têm nenhuma dificuldade em abandonar?

A autora afro-americana de ficção científica Octavia Butler propõe um cenário diferente daquele de uma violência espelhada para combater as violências, qual seja, o das *armas milagrosas*. Sob esse prisma, o sossego e a imaginação são capazes de salvar a humanidade de um mundo apocalíptico. Em sua série Parábolas, a heroína Olamina sofre da síndrome de "hiperempatia" – ela sente cem vezes mais a dor e o prazer do outro. Em um Estado minado por guerras civis e governado por um fundamentalista cristão que visa "restabelecer a grandeza da América" (*Make America Great Again*), Olamina usa sua síndrome para liderar a resistência. "Minha heroína é uma guerreira",[33] explica Octavia Butler em uma entrevista.

> Aliás, precisei trabalhar duro para concebê-la como uma liderança, pois não é da minha natureza. Eu acho as pessoas que buscam o poder muito suspeitas. Fiz de tudo para que minha heroína fosse uma líder: ela é a mais velha de uma família de cinco crianças, tendo quatro meninos como irmãos. Ela também é filha do

---

[33] Entrevista de Octavia Butler a Jérôme Vincent, "Interview d'Octavia Butler". *ActusF*, 20 set. 2018.

chefe da comunidade de partida[34] e nora do único professor do bairro [...]. Ela nasceu para assumir responsabilidades.[35]

Líder da resistência, Olamina reinventa aquilo que faz família e cria uma comunidade para "salvar e [...] redefinir a humanidade".[36] As heroínas negras imaginadas por Octavia Butler não são "os sujeitos universais últimos", mas mulheres que buscam sobreviver e ajudar seus próximos a sobreviverem em uma sociedade hostil. Como escreve Andrea Hairston,

> As personagens de Butler valorizam a comunidade mais do que o sucesso individual. Ou melhor, o sucesso individual é definido em termos comunitários. Suas questões são: o que estamos fazendo para sobreviver? Como podemos mudar se não quisermos ser aniquilados pelos outros e por nós mesmos? Suas histórias se concentram naqueles que fazem concessões, que não têm o poder de determinar seu lugar na sociedade, que são coagidos a uma vida definida por seres/forças mais poderosos.[37]

Conforme observa Angelyn Mitchell,[38] ao partir do ponto de vista daqueles/as que possuem menos poder e são mais bruta-

---

34 A comunidade de partida (em francês, *communauté de départ*) se refere àquela formada no local de partida de emigrantes. [N. T.]
35 O. Butler a J. Vincent, "Interview d'Octavia Butler", op. cit.
36 Andrea Hairston, "Octavia Butler – Praise Song for a Prophetic Artist", in J. Larbalestier (org.), *Daughters of Earth: Feminist Science Fiction in the Twentieth Century*, 2006, p. 293.
37 Ibid., p. 297.
38 Angelyn Mitchell, "Not Enough of the Past: Feminist Revisions of Slavery in Octavia Butler's *Kindred*". *Melus*, v. 26, n. 3, 2001, apud Terryn Asunder, "Women, Community and Power in Octavia Butler's *Kindred*". *Anti-Imperialism.org*, 26 out. 2011.

lizados/as, Butler descreve o grande esforço exigido e as dificuldades encontradas para preservar a dignidade, a humanidade e a comunidade em um mundo que é estruturalmente a negação de tudo isso. Ao reconhecer a existência de obstáculos e decisões dolorosas com as quais mulheres oprimidas do mundo inteiro são confrontadas no que diz respeito à sua sobrevivência pessoal, à de sua prole e à de suas comunidades, Butler vai além da ideologia da punição e do sistema carcerário.

Acabar com o sistema penal: os impasses do feminismo carcerário

O feminismo carcerário é essa ideologia que, apoiando-se nas noções de periculosidade e segurança, milita para que os tribunais julguem mais severamente e decidam a favor de penas de prisão mais longas ou de um aumento das medidas de segurança e controle.[39] Para Elizabeth Bernstein, professora de sociologia e estudos sobre mulheres na faculdade Barnard, dos Estados Unidos, o neoliberalismo constituiu "uma virada decisiva nos movimentos de reivindicação feministas que antes se organizavam em torno de lutas por justiça econômica e libertação".[40] Nessa linhagem, o feminismo carcerário "busca remédios sociais por meio de intervenções da justiça penal, mais do que por intermédio de um Estado social redistributivo, e defende a vida boa das pessoas privilegiadas, mais do que a autonomia

---

[39] Ver Lissell Quiroz e Rafik Chekkat, "Abolir le système pénal: Entretien avec Gwenola Ricordeau". *État d'Exception*, 16 jun. 2019.
[40] Alex Press, "#MeToo doit éviter le féminisme carcéral". *Paris-luttes.info*, 21 nov. 2019.

das oprimidas".[41] Em vez de lutar pela libertação feminista, a "virada carcerária" limita o feminismo ao indivíduo e à dimensão punitiva e marginaliza o coletivo e a redistribuição.[42]

O sistema penal seria a melhor opção para fazer justiça nos casos de violências cometidas contra mulheres? Ele é capaz de garantir a proteção das mulheres contra violências e abusos? Essas questões revelam clivagens profundas entre as feministas, reverberando nas diferentes abordagens ideológicas do Estado e do sistema penal. Observemos os seguintes posicionamentos e nos perguntemos se eles têm de fato algo em comum: "As condições carcerárias às quais são submetidos os homens condenados por agressão contra mulheres não são aceitáveis, pois envolvem desumanização, objetificação e invisibilização"; e "Como oferecer segurança a uma mulher vítima de violências conjugais, que potencialmente correria risco de morte, senão por meio da detenção do cônjuge?".[43] Como admitir uma tal disparidade entre a afirmação de que "não é a prisão do agressor que modificará sua mentalidade e lhe ensinará que uma mulher é um ser humano"[44] e a de que "recorrer à justiça parece inevitável"?[45] Essa clivagem nos parece particularmente fecunda,

---

41 Elizabeth Bernstein, "The Sexual Politics of the 'New Abolitionism'". *Differences*, v. 18, n. 3, 2007, p. 137.
42 Associated Press, "#MeToo doit éviter le féminisme carcéral", op. cit.
43 Éloïse Broch, Charlotte Dupeux e Valentine Welter, "La Prison n'est pas féministe !". *Lundimatin*, 4 dez. 2017.
44 Liga dos Direitos das Mulheres, 1976, apud Martine Le Péron, "Priorité aux violées". *Questions féministes*, n. 3, 1978, p. 85.
45 Nos números 8 e 9, dez. 1978-jan. 1979, do periódico *Des Femmes en Mouvement*, consta uma entrevista com mulheres que tinham amigas na prisão em Fleury, onde acontecia uma greve de fome. O periódico relata a dificuldade "de encontrar outras formas de ação e de fala" e aponta que "recorrer à justiça parece irremediável"; apud Jean Bérard, "Dénoncer et

pois mostra, mais uma vez, que existem *feminismos*. Uma corrente dentre tantas outras busca apoio estatal e penal para a emergência de uma sociedade mais sossegada. Não precisamos deplorá-la, mas apenas analisá-la e combatê-la. Há muitas lutas de mulheres que não seguem essa orientação, o que justifica a existência de feminismos de libertação anticarcerários.

As prisões não nos salvarão nem do patriarcado nem da violência

A prisão, escreve Gwenola Ricordeau, "constitui um ponto cego dos movimentos feministas contemporâneos, à exceção, notadamente, das condenações injustas que atingem determinadas mulheres vítimas de violência".[46] A história das relações entre as feministas francesas, o sistema penal e a prisão parece um pouco mais complicada. Não há, no momento, posição consensual a esse respeito nos movimentos feministas na Europa e na França. Na segunda metade do século xx, mulheres denunciaram a justiça colonial e as condições de encarceramento de militantes anticolonialistas. A prisão era descrita como uma das estruturas do colonialismo e do racismo, e a justiça, como uma auxiliar do poder colonial. Na França, durante os anos 1970, em resposta aos protestos e às greves, os governos intensificaram a repressão e as prisões. O termo "securitário" [*sécuritaire*] começou a substituir o termo "segurança" [*sécurité*]. A prisão se

(ne pas) punir les violences sexuelles? Luttes féministes et critiques de la répression en France de Mai 68 au début des années 1980". *Politix*, v. 107, n. 3, 2014, p. 79.
46 Gwenola Ricordeau, *Pour Elles toutes: femmes contre la prison*. Paris: Lux, 2019, p. 146.

tornou um dos lugares de luta contra o Estado e seu sistema penal. A distinção entre presos políticos e presos comuns é questionada, pois todos são prisioneiros e prisioneiras do Estado: entre militantes acusados/as de atentar contra a segurança[47] do Estado e delinquentes, a diferença concerne tão somente às intenções declaradas – os dois grupos são vítimas de um mesmo sistema de repressão e de pauperização. A greve de fome que, no fim dos anos 1950, foi a arma do movimento coletivo de prisioneiros argelinos encarcerados nos estabelecimentos penitenciários franceses inspirou prisioneiros políticos em 1970.[48] Trinta e nove pessoas presas, todas militantes maoistas, dentre as quais doze mulheres, iniciaram uma greve de fome em 1970.[49] Reivindicavam a concessão do "regime especial" de detenção àqueles/as que não se beneficiavam dele e melhorias nas modalidades de aplicação desse "regime especial". Um dos presos, Marc Hatzfeld, tornou pública a carta que encaminhou ao diretor da prisão de La Santé:

> Insistimos em afirmar que consideramos os presos comuns como o produto de uma sociedade, de uma polícia e de um sistema carcerário que os reduzem à condição de "delinquentes". Nós estamos aqui precisamente porque lutamos contra esta sociedade. Consideramos, ademais, que a reação que impulsiona esses "delinquentes" a atos individuais – que nós não julgamos como tais –

---

[47] A palavra usada pela autora é "*sûreté*", "segurança", no sentido de algo fiável, confiável. "*Sûreté*" caracteriza aquilo que é seguro, de que não se duvida que acontecerá. [N. T.]

[48] Nicolas Bourgoin, "Les Automutilations et les grèves de la faim en prison". *Déviance et Société*, v. 25, n. 2, 2001, p. 134.

[49] Jean-Claude Vimont, "Les Emprisonnements des maoïstes et la détention politique en France (1970–1971)". *Criminocorpus*, 6 out. 2015.

advém, boa parte das vezes, de uma revolta de natureza eminentemente política. Se hoje decidimos não nos manter passivos, é precisamente por solidariedade com toda a população penal e para que ela possa, em seu todo, beneficiar-se de nossa ação.[50] [No dia 15 de setembro,] cerca de trinta esposas e mães de detentos em greve de fome fizeram uma manifestação [em protesto contra as condições de encarceramento dos presos] diante do Ministério da Justiça e reivindicaram o "regime especial". As mulheres não foram recebidas em audiência. Elas tentaram levantar uma faixa, que foi arrancada por policiais civis, bem como cartazes onde se lia "Abaixo as prisões!", "Regime político!", que também foram arrancados por policiais.[51]

Em outubro do mesmo ano, as integrantes do MLF [Movimento de libertação das mulheres] organizaram uma manifestação diante da prisão feminina de La Roquette, em pleno coração de Paris, que fora construída no modelo panóptico (isto é, de modo a permitir que um único guarda, posicionado na torre central, observe todas as prisioneiras ao mesmo tempo), onde tinham sido presas militantes nacionalistas argelinas, assim como as francesas que apoiavam sua luta.[52]

50 Ibid.
51 Ibid.
52 Ver o filme de Guillaume Attencourt, *La Petite Roquette* (2013), no qual, com base em depoimentos de ex-presidiárias, da diretora, de educadoras, supervisoras e religiosas ligadas à prisão, assim como em inúmeras imagens de arquivo, Guillaume Attencourt ressuscita aquele lugar de encarceramento, que se assemelhava a um forte. Por lá passaram presas políticas (Segunda Guerra Mundial, mais de 4 mil resistentes presas, Guerra da Argélia, Guerra Fria e manifestações pós-Maio de 68 – foi lá que a feminista Nadja Ringart ficou presa) e presas comuns. Aprendemos com o filme que, em sua maioria, as detentas eram mulheres de condição

Uma noite de outubro, mês extremamente simbólico.[53] Perturbação [Cathy Bernheim] distribuiu panfletos nas calçadas enquanto cerca de quarenta mulheres desfilavam na rua, ligadas umas às outras por metros de correntes que elas haviam amarrado em seus punhos, gritando muito alto para serem ouvidas pelas prisioneiras. Elas afirmavam pela primeira vez publicamente que as prisioneiras eram presas políticas de um poder particular, o patriarcado. Que as mulheres encarceradas, por razões de prostituição, aborto, fraude, até mesmo crimes, eram irmãs daquelas que bradavam sob suas janelas.[54]

Grupos políticos e intelectuais (com apenas homens chefiando os comitês) se mobilizavam contra a prisão. Em 27 de janeiro de 1971, uma centena de militantes maoistas do Movimento do 27 de Maio se encontraram em frente à prisão de La Petite Roquette e gritaram: "Abaixo as prisões! Viva a liberdade!", "[René] Pleven desgraçado! O povo vai arrancar sua pele!".[55] Os testemunhos sobre as prisões femininas na França eram então raros. Houve, é verdade, os das mulheres argelinas *combatentes*,

---

modesta, presas em razão de fatos menores (cheque sem fundo, furtos etc.). A prisão foi demolida entre 1973–74.

53 Referência à repressão ocorrida em 17 de outubro de 1961, quando a polícia francesa, sob as ordens de Maurice Papon, prendeu milhares de argelinos e argelinas que se manifestavam pacificamente contra o toque de recolher que lhes fora imposto e os jogou, ainda vivos/as, no rio Sena.

54 Françoise Picq, *Libération des femmes: Les années-mouvement*. Paris: Seuil, 1993; Cathy Bernheim, *Perturbation, ma sœur: naissance d'un mouvement de femmes*. Paris: Seuil, 1983.

55 J.-C. Vimont, "Les Emprisonnements des maoïstes et la détention politique en France", op. cit.; ver também Fanny Bugnon, *La Violence politique au prisme du genre à travers la presse française (1970–1994)*. Tese de doutoramento, Departamento de História, Université d'Angers, 2011.

depois, em 1965, *O astrágalo*, de Albertine Sarrazin, mas as mulheres detidas permaneciam amplamente invisibilizadas. Em fevereiro de 1971, o testemunho anônimo de uma presa política de La Petite Roquette revela as condições de vida em uma prisão feminina e sua hierarquia social. Sob a guarda de religiosas como no Antigo Regime, as prisioneiras mais pobres eram exploradas por salários miseráveis.

> Das nove horas às onze e trinta, trabalho na oficina sob a supervisão de uma freira. D. Hechter, Christian Dior, Cardin e a SNCF [Sociedade Nacional de Ferrovias Francesas] obtém, por cinquenta centavos a hora, uma mão de obra sem limites de exploração, que nenhum SMIG [salário mínimo] jamais protegerá. Algumas prisioneiras particularmente pobres foram condenadas pelo juiz à execução dos trabalhos mais penosos: carcereiras encarregadas dos piores fardos, acordadas uma hora mais cedo; lavadeiras que trabalham em máquinas pesadas na atmosfera empestada da lavanderia. Outras são encarregadas de trabalhos menos penosos: contabilidade, biblioteca. As que aguardam sua sentença e que não têm dinheiro devem trabalhar, pois nos refeitórios da prisão tudo pode ser comprado, de papel de carta a cigarros, passando por agulhas de tricô, xampus, pacotes de absorventes e biscoitinhos amanteigados. Todas aquelas que já estão condenadas devem trabalhar, na oficina ou na prisão. Para as que cometeram aborto, as usuárias de droga, as proxenetas e as políticas, um tratamento especial: isolamento completo.[56]

---

[56] Depoimento anônimo publicado em *Actuel*, n. 5, fev. 1971, apud J.-C. Vimont, "Les Emprisonnements des maoïstes et la détention politique en France", op. cit.

Em 8 de fevereiro de 1971, durante uma coletiva de imprensa na igreja Saint-Bernard, em Paris, o filósofo Michel Foucault anunciou a criação do Grupo de Informação sobre as Prisões (GIP), que tinha por missão informar sobre a vida cotidiana nas prisões. O manifesto do GIP começa assim:

> Nenhum de nós pode ter certeza de escapar à prisão. Hoje, menos do que nunca. Sobre nossa vida do dia a dia, o enquadramento policial estreita o cerco: nas ruas e nas estradas; em torno dos estrangeiros e dos jovens. O delito de opinião reapareceu; as medidas antidrogas multiplicam a arbitrariedade. Estamos sob o signo do "vigiar de perto". Dizem-nos que a justiça está sobrecarregada. Nós bem o vemos. Mas, e se foi a polícia que a sobrecarregou? Dizem-nos que as prisões estão superpovoadas. Mas, e se foi a população que foi superaprisionada?[57]

A prisão era o depósito onde se empilhavam os corpos designados como perigosos, os pobres, os mendigos, os miseráveis; onde se encarcerava todo aquele que, com sua presença, podia colocar em causa a narrativa desses anos de uma sociedade de alto rendimento e vitoriosa. A partir de 1971, eclodem revoltas em diversas prisões masculinas. São severamente reprimidas. No governo, elas abrem a porta para uma política de prisões humanitárias.

Em 1975, em *Vigiar e punir*, Michel Foucault mostra por que a prisão é indispensável ao funcionamento do Estado e como ela imprime na sociedade a ideia de que, para proteger

---

[57] Michel Foucault, "(Manifesto do GIP)" [1971], in *Ditos e escritos IV: Estratégia, poder-saber*, trad. Vera Lucia Avellar Ribeiro. Rio de Janeiro: Forense Universitária, 2006, p. 2.

esta, é preciso prender e punir. A noção de perigo, ele escreve, contribui para reforçar um sentimento de insegurança que justifica uma ideologia securitária, a qual, por sua vez, exacerba a percepção do perigo. Essa noção marca por muito tempo a ideologia estatal e securitária da proteção e é a fonte de toda uma série de leis repressivas, o sentimento de insegurança sendo "inversamente proporcional à insegurança real".[58] Naquele mesmo ano, muitos grupos do MLF se mobilizaram contra a tortura e o encarceramento de mulheres bascas pela ditadura franquista e denunciaram as ligações entre fascismo, violências, tortura contra as mulheres e sistema carcerário. A prisão das mulheres é vista como uma das armas do Estado fascista e do Estado patriarcal. Podemos já afirmar que, nos anos 1970, na França como no resto mundo, a prisão foi um dos campos de luta política – sobretudo da perspectiva de feministas. Falarei mais adiante sobre a corrente abolicionista nos Estados Unidos, que propõe a abolição das prisões.

Os anos 1970 viram emergir um discurso securitário e acompanharam o aparecimento, nas mídias, de figuras identificadas à insegurança e à delinquência: homens jovens, pobres, estrangeiros, imigrantes, descendentes das imigrações pós-coloniais e que viviam em conjuntos habitacionais. O estudo

---

[58] Laurent Mucchielli, apud Simon Barbarit, "Délinquance: des chiffres à la baisse mais le sentiment d'insécurité augmente", 7 dez. 2017. Ver também L. Mucchielli e Émilie Raquet (orgs.), "Victimation et sentiment d'insécurité dans une petite ville de l'agglomération marseillaise". *Les Rapports de l'Observatoire de la Délinquance*, n. 10, 2017; e, também de L. Mucchielli, o artigo, muito esclarecedor, sobre a evolução de uma normatividade no mundo judiciário: "L'Impossible Constitution d'une discipline criminologique en France: cadres constitutionnels, enjeux normatifs et développements de la recherche des années 1880 à nos jours". *Criminologie*, v. 37, n. 1, 2004.

desses discursos securitários e de suas representações mostra uma racialização ou uma etnização progressivas. Em 18 de fevereiro de 1976, Roger Gicquel abre o jornal das 20 horas no canal TF1 com estas palavras: "A França tem medo".[59] Ao longo dos anos 1980, a insegurança se tornou um "feixe de soluções imaginadas para abafar os efeitos mais visíveis da desorganização e da desmoralização das classes populares".[60] A violência era destacada do seu contexto econômico e social e, ainda que a sociedade estivesse "globalmente menos violenta do que antes", o sentimento de insegurança e de impotência cresciam. Para o sociólogo Laurent Mucchielli, são "a evolução dos valores, as desigualdades crescentes de riqueza, os modos de habitar cidades e meios rurais, os dramas familiares, o insucesso escolar, o alcance do desemprego e a guetização de certos bairros"[61] que atuam na produção do sentimento de insegurança.

Nos grupos de mulheres que constituem o MLF, o recurso ao sistema penal provoca debates acalorados. Se em 1977, durante

---

[59] Poucos dias antes, uma criança fora encontrada assassinada. [Vergès se refere ao assassinato de Philippe Bertrand, de sete anos, cometido por Patrick Daniel Henry. O episódio ficou conhecido como *affaire Patrick Henry* (caso Patrick Henry). – N. T.]

[60] Igor Martinache, "Laurent Bonelli, *La France a peur: une histoire sociale de l'"sécurité"*. Lectures, 10 jun. 2008. Ver também L. Bonelli, *La Machine à punir: pratiques et discours sécuritaires*, Paris: L'Esprit Frappeur, 2011; Nicolas Bourgoin, *La République contre les libertés: le virage autoritaire de la gauche libérale (1995–2014)*. Paris : L'Harmattan, 2015; Laurent Mucchielli (org.), *La Frénésie sécuritaire: retour à l'ordre et nouveau contrôle social*. Paris: La Découverte, 2008; "Le Développement de l'idéologie sécuritaire et ses conséquences em France des années 1970 à nos jours". *Regards Croisés sur l'Économie*, v. 1, n. 20, 2017; e *Violences et insécurité: fantasmes et réalités dans le débat français*. Paris: La Découverte, 2001.

[61] L. Mucchielli, "Sociologie de la délinquance", in laurent-mucchielli.org.

um colóquio sobre "Mulheres e violência", integrantes do grupo Violências Espetaculares chegaram ao ponto de propor "a formação de comandos femininos que sairiam esmurrando caras escolhidos ao acaso, ou talvez pela aparência, e dizendo-lhes, 'você tá com cara de quem quer estuprar', exatamente como os homens dizem às mulheres, 'você tá com cara de quem quer ser estuprada'",[62] o cerne do debate é a pertinência do recurso ao sistema penal. Por mais que divirjam em diversos pontos, as mulheres que escrevem em *Femmes Travailleuses en Lutte* [Mulheres trabalhadoras na luta], *Les Cahiers du Féminisme* [Os cadernos do feminismo], *Le Quotidien des Femmes* [O diário das mulheres], *Le Torchon Brûle*,[63] *Histoires d'Elles* [História delas] ou *Les Cahiers du Grif* [Os cadernos do Grif] compartilham a mesma desconfiança acerca do sistema penal. Recorrer à justiça é admitir um fracasso coletivo do MLF, pois as leis repressivas apenas "reforçam, mantêm o estupro e a violência".[64] Muitas mulheres – advogadas, militantes – exprimem sua recusa ou desconforto a respeito da "ilusão legalista", a instituição judiciária como "campo do adversário por excelência",[65] escreve a advogada Odile Dhavernas. Em um artigo publicado em 1976, a ecofeminista e fundadora da Frente Homossexual de Ação

---

62 *Histoire d'Elles*, n. 2, 1977. Ver também Jean Bérard, "Dénoncer et (ne pas) punir les violences sexuelles? Luttes féministes et critiques de la répression en France de Mai 68 au début des années 1980". *Politix*, v. 3, n. 107, 2014.
63 "*Le torchon brûle*", título do jornal francês publicado por mulheres de esquerda entre 1971 e 1973, é uma expressão utilizada para designar um estado de querela, uma atmosfera conflituosa. Sentido similar pode ser depreendido da expressão "a casa caiu". [N. T.]
64 *Le Quotidien des Femmes*, 25 jun. 1976.
65 Odile Dhavernas, *Droits des femmes, pouvoir des hommes*. Paris: Seuil, 1978.

Revolucionária (Fhar)[66] Françoise d'Eaubonne conta que, após o primeiro grande julgamento por estupro em 1978, ela entrou em contato com prisioneiros/as de Fresnes. Esses prisioneiros, essas prisioneiras e companheiras de prisioneiros com quem Françoise d'Eaubonne se correspondeu lhe disseram: "Não há razão válida para engordar o rebanho de encarcerados; nenhuma lei, por mais rígida que seja, pode impedir o fenômeno do 'estupro', aliás, muito pelo contrário".[67] Esse argumento é fervorosamente contestado por feministas: "Pouco nos importamos com a justiça de classe, já nos desviamos demais (em nome da luta de mesmo nome) dos nossos interesses imediatos e comprovados".[68] Diante do sistema penal, os posicionamentos parecem inconciliáveis. Por um lado, há quem declare: "Muito rapidamente surge a dificuldade de conciliar nosso posicionamento (sustentar que não pedimos repressão) com aquele de uma mulher que praticamente pede repressão porque tem medo";[69] por outro, há quem afirme que uma lei contra as violências "não mudará fundamentalmente nada para as mulheres", uma vez que repousa sobre "o engodo que consiste em fazer crer que o respeito pelas mulheres se mede pela quantidade

---

[66] A Fhar foi fundada em 1971 e logo criticada por feministas lésbicas e depois por pessoas racializadas. Sobre o movimento *queer* e racializado, ver "Du Fhar aux collectifs trans, intersexes, queers et racisés, 50 ans de mobilisation associative LGBT+ en France". *Komitid*, 28 jun. 2019 ; e "En Marge des Fiertés, c'est un espace par et pour les personnes queers et racisées". *Komitid*, 21 jun. 2018.

[67] Françoise d'Eaubonne, "Affaire Azuelos: merci monsieur le procureur – Pour une réponse pratique à la question du viol". *Les Cahiers du Grif*, n. 14–15, 1976.

[68] Ibid.

[69] *Des Femmes en mouvement*, n. 12–13, dez. 1978-jan. 1979.

de anos de prisão estipulados nos julgamentos".[70] Gisèle Halimi, por sua vez, adota uma posição intermediária quando diz: "Todas as penas de reclusão de longa duração, seja qual for o crime, são individualmente destrutivas e nocivas, bem como socialmente inúteis", porém "ainda assim não é aceitável que tão somente as penas por estupro sejam suprimidas e reduzidas".[71] Com certeza, as feministas devem se "confrontar com a lógica repressiva desse aparelho (judiciário): com seu sistema carcerário e, principalmente, com sua misoginia virulenta", mas o "problema da repressão não pode ser prioritariamente o nosso problema: é a defesa das mulheres estupradas que interessa à nossa luta feminista. E é um fato que, nesse ponto, nossa luta precisa ser constantemente reformulada".[72]

Na Europa, esses debates não se reduzem à França. Na Itália, enquanto uma proposta de lei contrária às violências cometidas contra as mulheres, defendida pela esquerda italiana e por feministas, é discutida,[73] as feministas da Livraria das Mulheres de Milão julgam "inaceitável" "que um punhado de mulheres, em nome de todas, [entregue] esse sofrimento particular [as violências cometidas contra as mulheres] às intervenções e à tutela do Estado".[74] A proposta de lei, que privilegia uma "solução diligente e externa, vinda de cima", faz das mulheres "um grupo social oprimido e, portanto, homogêneo e objeto de tutela", "hoje e sempre esmagadas em uma dependência e uma miséria paralisantes",

[70] *Cahiers du Féminisme*, n. 14, 1980.
[71] *Choisir*, n. 48, 1980.
[72] *Des Femmes en mouvement*, op. cit.
[73] A lei de acesso ao aborto foi aprovada em 1978; em 1996, aprovou-se uma nova lei sobre o estupro.
[74] Librairie des Femmes de Milan, *Ne Crois pas avoir des droits*. Bordeaux: Éditions la Tempête, 2019, p. 116.

constrangendo-as a "progredir e, nesse caso, obrigando-as a entrar em uma sala de audiência para defender a dignidade feminina".[75] Logo, não há neutralidade do direito, o qual é a emanação do Estado patriarcal e capitalista. É preciso "tomar distância da lei do pai que rege a sexualidade e a simbolização".[76] "A ideia de resolver a contradição entre os sexos por meio da lei"[77] é enganosa. A luta se transforma "em processo, e a tomada de consciência, em um banal registro normativo".[78] As feministas de Milão colocam as seguintes questões: "Nós realmente queremos passar da autoridade pessoal para a autoridade pública? Nós realmente queremos passar da marginalidade da nossa quase inexistência oficial para uma existência cidadã igual àquela dos homens?"[79] Essa marginalidade, elas afirmam, não é uma fraqueza, e sim um ponto de partida para um projeto alternativo, pois as mulheres não podem confiar em uma representação política que, mesmo sendo assumida por mulheres, as reduz ao silêncio.

Se é possível, então, à luz desses elementos, completar a observação de Gwenola Ricordeau sobre a indiferença do feminismo francês em relação ao sistema penal e à prisão, logo surgem questões a serem colocadas: o que aconteceu para que nenhum movimento abolicionista organizado emergisse dessas mobilizações? Por que a prisão colonial, bem como a dos "ultramarinos", nunca foram integradas aos estudos prisionais? Quais são os vínculos entre justiça/prisão colonial e justiça/prisão (pós-)colonial? Como explicar a marginalização da racialização e da classe nas mobilizações contra as violências sexuais e de gênero na França?

[75] Ibid.
[76] Ibid., p. 121.
[77] Ibid.
[78] Ibid., p. 120.
[79] Ibid.

Como surgiu o feminismo carcerário? Qual é o papel da amnésia no que concerne às lutas anticoloniais e antirracistas nesses posicionamentos sobre a questão carcerária e na evolução para um feminismo civilizatório, estatal e femonacionalista?

As femocratas socialistas, entre "putofobia" e ideologia securitária

Em junho de 1975, prostitutas (é como elas se autodenominam na França, não utilizam mais "trabalhadoras do sexo") decidem ocupar uma igreja em Lyon com a seguinte palavra de ordem: "Nossos filhos não querem que a mãe vá para a prisão".[80] Elas protestavam contra a lei que condenava as reincidentes do delito de *racolage passif*[81] a penas de prisão. As feministas, que as apoiavam, admitiam que nem sempre compreendiam esse posicionamento – "em resumo, elas queriam exercer sua profissão enquanto nós queríamos, ainda que não conseguíssemos dizer com todas as letras, o desaparecimento dessa mesma profissão".[82] Em panfletos distribuídos em Lyon, feministas faziam um paralelo entre trabalho sexual e assédio sexual no trabalho

---

[80] Lilian Mathieu, "Prostituées et féministes en 1975 et 2002: l'impossible reconduction d'une alliance". *Travail, Genre et Sociétés*, v. 2, n. 10, 2003. Ver também Christine Machiels, *Les Féministes et la prostitution (1860–1960)*. Rennes: Presses Universitaires de Rennes, 2016.
[81] O delito de *racolage actif* (abordagem ativa), em termos gerais, incide no fato de abordar pessoas em lugares públicos (ruas, bares etc.) e lhes propor um ato sexual em troca de remuneração. Já o delito de *racolage passif* (abordagem passiva) consiste, de acordo com a tipificação do crime, na abordagem indireta, com "atitudes julgadas sugestivas", de pessoas nos espaços públicos. [N. T.]
[82] L. Mathieu, "Prostituées et féministes en 1975 et 2002", op. cit., p. 34.

e em casa: "Quem não fez com seu patrão, quem não fez com seu marido, para manter o emprego e a segurança material? [...] não é apenas nas ruas que as mulheres são levadas a se prostituir"; "Nós estamos, como elas, por meio do casamento forçado, em uma situação de prostituição, obrigadas a nos vender de corpo e alma ao nosso mestre e senhor para sobreviver e ter um lugar respeitável nesta sociedade de machos".[83] Do mesmo modo como, no século XVIII, feministas europeias tinham feito uma comparação entre sua situação e a das mulheres negras escravizadas, feministas do século XX faziam um paralelo entre a perda de autonomia no trabalho e na casa e a situação das trabalhadoras do sexo. Essa tentação de proceder por analogia entre situações que só aparentemente são similares se revela uma constante do feminismo universalista.

Nos anos 1980-90, as femocratas do Partido Socialista e as feministas se apropriaram do tema da abolição da prostituição para dar ao Estado o vocabulário de um feminismo carcerário/punitivista e moralista, bem como influenciar o conteúdo de leis repressivas em nome da proteção das mulheres – pois a prostituição tinha se tornado o símbolo da opressão das mulheres. É no âmbito do Partido Socialista que emerge um feminismo de Estado carcerário, escreve Lilian Mathieu,[84] e é na França que são adotadas as primeiras leis que redefinem a moral pública.[85]

---

83 Ibid.
84 L. Mathieu, *La Fin du tapin: sociologie de la croisade pour l'abolition de la prostitution*. Paris: François Bourin, 2014, apud Alban Jacquemart e Milena Jakšić, "Droits des femmes ou femmes sans droits? Le Féminisme d'État face à la prostitution". *Genre, Sexualité & Société*, n. 20, 2018.
85 Yolande Cohen, "De Parias à victimes: mobilisations féministes sur la prostitution en France et au Canada (1880-1920)". *Genre, Sexualité & Société*, n. 11, 2014.

Historicamente, a questão da prostituição constitui um "ponto de aproximação entre grupos com reivindicações e interesses divergentes, mas cujo projeto comum é afirmar o papel social (e moral) das mulheres".[86] A atitude diante do trabalho do sexo divide as feministas. A própria palavra "trabalho" é refutada. Ainda que os conflitos ideológicos que atravessam os feminismos no que diz respeito à prostituição não correspondam (diretamente) a uma distinção entre política conservadora e política revolucionária, de todo modo é relevante compreender a importância da contribuição das femocratas socialistas para o discurso securitário de classe e raça. A abolição da prostituição se torna um foco prioritário. A campanha abolicionista levada à frente, nos anos 1980, por "femocratas abolicionistas e abolicionistas provenientes do campo associativo e militante",[87] e que se beneficiava do apoio de ministros socialistas como Lionel Jospin e Ségolène Royal, conseguiu criar na Assembleia Nacional um consenso entre direita e esquerda. O trabalho sexual se tornou o lugar por excelência das novas formas de escravidão e opressão das mulheres, cuja salvação só poderia vir de um Estado ocidental e sua polícia. O *lobby* abolicionista é reforçado "no centro do Partido Socialista, nas instâncias do feminismo de Estado e no campo associativo"[88] pela ideologia securitária. São os mais vulneráveis que representam o perigo – trabalhadores/as do sexo, pessoas trans, pobres e racializadas –, e as leis estão aí para excluir essas pessoas. Em nome da proteção das mulheres, o feminismo carcerário abolicionista oferece um vocabulário e uma ideologia nos quais palavras como pe-

---

[86] Ibid.
[87] A. Jacquemart e M. Jakšić, "Droits des femmes ou femmes sans droits?", op. cit.
[88] Ibid.

riculosidade, lógica securitária, crime, criminoso/a organizam todo o discurso. Uma vez que a prostituição é considerada "outra forma de estupro", alguns deputados e algumas deputadas exigem que "a compra de serviços sexuais seja considerada não uma simples contravenção, mas um delito, isto é, um crime".[89]

Em sua primeira grande campanha, que preparou o terreno para o debate em torno da lei "que visa reforçar a luta contra o sistema de prostituição e acompanhar as pessoas que se prostituem", o feminismo do Partido Socialista fez da "figura da prostituta-vítima – apresentada sob os traços de uma mulher jovem, inocente, vulnerável e estrangeira"[90] – uma figura central. A prostituição ameaça toda a sociedade e particularmente as mulheres. "O sistema de prostituição é nocivo às mulheres, a todas as mulheres. Ele simboliza sua subordinação e sua relegação potencial ao *status* de mercadoria sexual. E, como todas as outras discriminações sexistas, é um obstáculo à igualdade social, econômica e política".[91]

"Nós admitimos que é, antes de tudo, por essa menor estrangeira, sem documento, espancada, humilhada, que convém agir",[92] declarou a deputada da UMP [União por um movimento popular] Marie-Louise Fort. Em 2016, a deputada socialista parisiense Danièle Hoffman-Rispal ainda esbravejou: "Nós abandonamos a ideia de que essas mulheres seriam também culpadas; não, elas são vítimas".[93] Os relatos de mulheres traficadas

---

[89] Ibid.
[90] Ibid.
[91] Claudine Legardinier, "Nos 30 arguments en faveur de l'abolition de la prostitution". *Mouvement du Nid*, 30 abr. 2014.
[92] A. Jacquemart e M. Jakšić, "Droits des femmes ou femmes sans droits?", op. cit.
[93] Apud ibid.

e martirizadas acrescentaram ao discurso de vulnerabilidade a exigência de uma intervenção estatal humanitária. A trabalhadora do sexo tornou-se uma vítima *total*, inocente, estrangeira (o que permite relacionar a abolição da prostituição às leis anti-imigrantes), cujo *métier* era nocivo a *todas* as mulheres. O Estado deveria intervir para proteger tanto as estrangeiras e vulneráveis como as "suas" mulheres. Para trabalhadoras e trabalhadores do sexo, essa política "invisibiliza seus direitos, alimenta um puritanismo e impõe uma concepção sexual conservadora das mulheres brancas europeias de classe média".[94] Integrantes do Sindicato do Trabalho Sexual (Strass) denunciam o abolicionismo nos seguintes termos: "Nem abolicionistas, nem regulamentaristas:[95] sindicalistas!", e lutam "contra a criminalização do trabalho sexual e pela aplicação do direito comum a trabalhadore/as do sexo".[96]

Em 2002, Nicolas Sarkozy, então ministro do Interior, anuncia que

> a lei que ele está preparando sobre segurança interna incluirá disposições que autorizam a expulsão de prostitutas estrangeiras acusadas de *racolage* [abordagem], uma vez que o delito de *racolage passif* (abordagem passiva), retirado do Código Penal em

---

[94] Ver Sabrina Sánchez, "Remasculinización del Estado y precariedad feminizada", in *Violencias, Racismo y Colonialidad*. Barcelona: Desde El Margen, 2017. Ver também C. Legardinier, "Nos 30 arguments en faveur de l'abolition de la prostitution", op. cit.
[95] "*Réglementaristes*", traduzido como "regulamentaristas", refere-se, na ocorrência em questão, às pessoas que defendem a regulamentação do exercício da prostituição. [N. T.]
[96] Ver, no site do Strass, "Ni abolitionnistes, ni réglementaristes: syndicalistes!".

1994, será reintroduzido e exporá seus praticantes a penas de prisão e multas elevadas.[97]

A declaração de Sarkozy desencadeia manifestações de trabalhadoras e trabalhadores do sexo, das quais as feministas brancas não participam, conta Lilian Mathieu, pois elas

> se recusam a aderir à mobilização de prostitutos/as, que colocam reivindicações inaceitáveis para as feministas, como é o caso do reconhecimento oficial da prostituição como "profissão", e a legitimidade de seus / suas porta-vozes não é admitida, pois suspeita-se fortemente de que estejam sob manipulação de proxenetas.[98]

O Coletivo Nacional pelos Direitos das Mulheres (CNDF) organizou uma manifestação, no dia 10 de dezembro, em torno de uma tripla palavra de ordem: "Não ao sistema de prostituição, não ao projeto de lei Sarkozy, sim a um mundo sem prostituição".

A "lei de segurança interna" de março de 2003, que, em nome da proteção das mulheres, punia com prisão e multas a solicitação passiva de trabalhos sexuais, visava excluir da rua a presença de corpos femininos racializados que, por seu aspecto, poluíam o espaço público, bem como excluir do solo francês os corpos de mulheres do Sul global – cujo ofício insultava os direitos das mulheres.[99] A rua deve ser limpa desses corpos, para que as mulheres brancas – às quais essa presença incomoda e ofende

---

[97] L. Mathieu, "Prostituées et féministes en 1975 et 2002", op. cit., p. 34.
[98] Ibid., p. 35.
[99] Ver a esse respeito a análise esclarecedora de Miriam Ticktin, "Sexual Violence as the Language of Border Control: Where French Feminist and Anti-immigrant Rhetoric Meet". *Signs, Journal of Women in Culture and Society*, v. 33, n. 4, 2008.

(sexualização dos corpos, visibilidade do trabalho sexual) – sintam-se protegidas e livres. A proteção se expressa aqui em termos de indignação contra o tráfico de mulheres do Sul global, consideradas vítimas de traficantes negros e árabes, sem que as razões que levam essas mulheres a querer deixar seu país sem esperança de retorno sejam abordadas – pois, caso contrário, seria preciso analisar os entrelaçamentos que conectam violências, imperialismo e capitalismo e que remetem, necessariamente, às fontes predatórias de enriquecimento. O corpo é uma mercadoria traficada entre Sul e Norte, sua vulnerabilidade e sua precariedade são o resultado "das demandas e exigências que os centros econômicos e os poderes exportam e redistribuem através da globalização e das mídias".[100] Em outras palavras, a mercantilização predatória dos corpos não está nem um pouco relacionada a um possível atraso civilizacional, mas perfeitamente integrada à lógica do capitalismo. Nessa situação, o texto de 2003, apresentado como uma lei de proteção das mulheres, foi apenas mais um elemento de uma política de proteção cujo objetivo é reforçar o branqueamento das cidades francesas e justificar a perseguição e a expulsão das mulheres racializadas em nome dos direitos das mulheres. Todo um aparato de leis e práticas passou a regular a presença dos corpos racializados na cidade. Há as mulheres que estão autorizadas a circular nas ruas, com a condição de permanecerem invisíveis, discretas, apagadas. São aquelas que limpam a cidade e a quem as famílias burguesas confiam as chaves de seu espaço doméstico e seus filhos, autorizando-as a serem testemunhas de cenas íntimas. Homens jovens e homens racializados estão autorizados a entrar na cidade com a condição de serem designados para postos invisibilizados,

---

100 S. Valencia, *Gore Capitalism*, op. cit.

mas necessários (vigias ou seguranças de lojas, museus, galerias, centros comerciais, teatros, boates), ou para postos subalternos, mas necessários à vida urbana (carteiros, entregadores). Porém, a circulação deles é ativamente vigiada e controlada. Outros/as racializados/as não estão autorizados/as a circular livremente na cidade, pois correm risco de prisão e expulsão. As leis que organizam a circulação e a presença de racializados/as na cidade racializam a precarização. De fato, nós assistimos, ao longo desses últimos anos, à emergência do sujeito neoliberal que oferece às feministas de Estado, universalistas e civilizatórias, um campo do qual elas se apropriam rapidamente. Esse sujeito neoliberal, que pode até conceder ao sujeito racializado uma integração ideológica, encontra nas tecnologias de comunicação a fonte de seu arquivo, qual seja, uma seleção de datas, ações e personalidades que apaga toda a historicidade e reserva ao movimento do feminismo universalista um lugar central.[101]

Em 2012, Najat Vallaud-Belkacem, ministra dos Direitos das Mulheres no governo socialista, sempre recorria ao vocabulário do feminismo punitivista: "A questão não é saber se queremos abolir a prostituição – a resposta é sim –, mas ter os meios para fazê-lo. Meu objetivo, assim como o do PS [Partido Socialista], é ver a prostituição desaparecer".[102] A associação Osez le Féminisme [Ouse feminismo] aplaudiu: "Apreciamos

---

[101] A respeito dessa evolução, ver Brenna Bhandar e Rafeef Ziadah (orgs.), *Revolutionary Feminisms* (London: Verso, 2020), que reúne entrevistas com feministas revolucionárias, radicalmente antirracistas, anti-imperialistas e anticapitalistas que ancoram sua reflexão teórica e sua prática na historicidade das lutas.
[102] Kim Hullot-Guiot e Leila Piazza, "Abolir la prostitution? Les Féministes applaudissent, les prostituées moins". *Libération*, 25 jun. 2012.

o fato de ela ancorar o seu mandato de ministra dos Direitos das Mulheres em uma posição abolicionista. E, principalmente, alegramo-nos com a sua disposição para traduzir em atos e fatos esse posicionamento".[103] Gabrielle Partenza, prostituta "desde 1969", fundadora da associação Avec nos Aînées (ANA) [Com nossas ancestrais], que visa ajudar mulheres idosas a sair da prostituição, analisa assim essas palavras:

> O discurso segundo o qual as prostitutas são pobres garotas que não sabem o que fazem, que são vítimas dos clientes, deve acabar [...]. Afirmar isso é desconhecer por completo a profissão! Querem abolir a prostituição dizendo que é "para o bem" das prostitutas. As fundamentalistas abolicionistas fazem uma confusão entre as "tradicionais" e as garotas do Leste, mas há prostitutas livres e independentes; aquelas que estão nas mãos das redes são escravas, não prostitutas. Tirem-nas de lá, ocupem-se daquelas que não querem entrar na prostituição, perguntem-se quais meios vocês estão colocando à disposição delas para evitar que exerçam uma profissão que não querem; quanto às outras, deixem-nas em paz![104]

Em seu estudo das relações entre os movimentos de prostitutas e os feminismos entre 1975 e 2002, Lilian Mathieu observa que a maioria das protagonistas quis esquecer

> que foi em torno de um projeto de lei – raramente mencionado em suas trocas – o qual atribui aos policiais meios suplementares de repressão diante de uma população já particularmente frágil e

103 Ibid.
104 Ibid.

precária, e o qual supõe uma lógica de criminalização da pobreza, que nasceu o debate sobre a prostituição.[105]

O feminismo carcerário "se acomoda facilmente às políticas securitárias e anti-imigração que visam as mulheres (estrangeiras) e as excluem do perímetro dos direitos das mulheres".[106] Para Miriam Ticktin, a mistura entre "a violência, a violência sexual e a vigilância das famílias" leva a "uma ação clara: o fechamento das fronteiras".[107] Se, como observam Alban Jacquemart e Milena Jakši, o feminismo carcerário não é uma novidade, e sim apenas uma das expressões de um feminismo sempre entravado em seus objetivos pelo Estado – o mesmo Estado que ele almeja servir –, trata-se de compreender melhor seu papel no dispositivo de vigilância e punição.

Proteger o espaço público, excluir as pessoas racializadas e as pessoas pobres

O ambiente hostil às pessoas racializadas e às pessoas pobres produz inimigos/as que devem ser detectados/as, vigiados/as e excluídos/as do espaço público. Nos anos 1980, as mulheres que usavam véu faziam parte dessas presenças perigosas. Para a ex-ministra socialista dos Direitos das Mulheres Yvette Roudy, "a burca é uma questão de dominação organizada. Apaga-se a identidade das mulheres [...]. É uma engrenagem; precisamos de

---

105 L. Mathieu, "Prostituées et féministes en 1975 et 2002", op. cit., p. 47.
106 A. Jacquemart e M. Jakšić, "Droits des femmes ou femmes sans droits?", op. cit.
107 M. Ticktin, "Sexual Violence as the Language of Border Control", op. cit., p. 871.

uma lei para isso".[108] Em uma tribuna, as feministas Anne Vigerie e Anne Zelensky, que veem no véu uma ameaça à segurança e aos direitos das mulheres, voltaram a acusação de racismo contra aquelas e aqueles que sofrem racismo e o denunciam:

> Em nossa sociedade pós-colonial, marcada por uma culpa mal assumida, a fobia de ser acusada de racismo por *"negar o outro"* leva à sacralização irracional da diferença. Nós vivemos, portanto, sob a sombra de um "pensamento correto" herdado das reflexões de *"esquerda"* e do qual a própria direita é vítima. Foi assim que, em nome do respeito aos costumes, nos fizeram passar vergonha quando decidimos denunciar a mutilação genital e levar casos dessa prática à justiça. Nesse estado de espírito assustado em que se refugia uma tolerância em todas as frentes, os islamistas investem pesado, sem escrúpulos [...]. O drama é, na realidade, que esse "pensamento correto" é um verdadeiro racismo, que não se enxerga mais, mas sobrevive e reencarna no antirracismo aparente do "direito à diferença". O bigotismo islamista, cujo equivalente cristão nos causaria indignação, é "bom para os/as magrebinos/as...".[109] O que vem ocorrendo nessas últimas décadas é uma reconfiguração do discurso orientalista que aprisiona as mulheres em uma alteridade e que as obriga a explorar essas representações orientalistas segundo as quais "eu sou esta outra que precisa ser salva".[110]

---

108 "Yvette Roudy: 'La burqa, c'est une histoire de domination organisée. On gomme l'identité des femmes (...). C'est un engrenage, il faut une loi". *La Croix*, 6 nov. 2009.
109 Anne Vigerie e Anne Zelensky, "Laïcardes, puisque féministes". *Le Monde*, 29 maio 2003.
110 Ver a esse respeito o texto de Chandra Talpade Mohanty, que continua sendo uma referência fundamental: "Under Western Eyes: Feminist Scholarship and Colonial Discourses". *Feminist Review*, n. 30, 1988.

No início dos anos 2000, na França, campanhas midiáticas sobre os "estupros coletivos" e também sobre os "cafés e bairros proibidos às mulheres" transformam os bairros populares em espaços hostis às brancas e às racializadas, pois supostamente são controlados por homens racializados.[111] O testemunho, em 2002, de Samira Bellil em *Dans l'enfer des tournantes* [No inferno dos estupros coletivos], no qual denuncia um estupro coletivo, o silêncio que seu entorno lhe impôs e a indiferença da justiça desencadeou uma exagerada publicidade midiática e política. Não se trata aqui de questionar seu testemunho, mas de se voltar para aquilo que as mídias, os comentadores e as feministas fizeram dele, bem como de observar como o medo social em relação aos bairros pobres e a estigmatização de suas populações foram reforçados. Para o sociólogo Laurent Mucchielli, a imprensa que "ecoa maciçamente" esse estupro transforma "essa história individual" em "símbolo de todo um país".[112] As periferias se tornam espaços habitados por "crianças-lobo. Dos dez aos quinze anos, elas quebram, roubam, extorquem, às vezes matam. São chamadas de 'novos bárbaros'".[113] Em 2006, a agência de notícias AFP coloca lado a lado a denúncia de estupros coletivos e um escândalo pedocriminal em Outreau: "Estupros coletivos em Fontenay-sous-Bois:

---

[111] O site do Comité Laïcité République lista quinze artigos em jornais nacionais entre 2016 e 2018: laicite-republique.org/-cafes-interdits-aux-femmes-.html. L. Mucchielli conta dezoito artigos no *Le Monde* sobre o tema dos estupros coletivos [*tournantes*] entre 2000 e 2001; ver L. Mucchielli, *Le Scandale des "tournantes": dérives médiatiques, contre-enquête sociologique*. Paris: La Découverte, 2005.

[112] L. Mucchielli, *Le Scandale des "tournantes"*, op. cit., p. 22.

[113] Título da revista *Marianne*, 5–11 jan. 1998, apud Linda Saadaoui, "Laurent Mucchielli, *Le Scandale des 'tournantes': dérives médiatiques, contre-enquête sociologique*". Questions de Communication, n. 19, 2006.

os moradores evocam o espectro de Outreau".[114] O "escândalo dos estupros coletivos" revela que,

> na sociedade francesa, como em outras, o estupro coletivo infelizmente sempre existiu. Após quarenta anos, os estupros coletivos não parecem nem novos nem em progressão. Além disso, não se observa nenhuma concentração nos meios populares ou nos bairros considerados "sensíveis".[115]

Em seu estudo sobre essa midiatização, Laurent Mucchielli dá destaque à confusão que se faz entre estupros coletivos e Islã, assim como ao fato de que os atos dos rapazes de origem magrebina ou de pele negra são excessivamente midiatizados se comparados a outros acontecimentos similares na província, nos bairros mais favorecidos ou no meio rural. Claire Cosquer mostra que

> os estupros coletivos são objeto de uma narrativa moral: os jornalistas fingem espanto diante de uma forma radical de amoralidade. Essa última é apresentada como intrinsicamente relacionada às periferias, engajando um mecanismo de extensão na medida em que os suspeitos ou culpados não são apresentados como seres associais incapazes de compreender os princípios morais que proíbem o estupro, mas, ao contrário, como seres excessivamente sociais, símbolos da socialização típica das periferias e considerados pelo prisma de um determinismo estrito.[116]

---

114 Ibid.
115 Ibid.
116 Claire Cosquer, "La 'Société' contre la 'cité'. la construction des tournantes comme problème racial". *Notes & Documents de l'osc*, n. 3, abr. 2015, p. 22.

A periferia se torna a antítese da sociedade. Ela se solidariza com os criminosos e impõe silêncio às vítimas, ameaçando-as com represálias e protegendo os estupradores. Já a sociedade almeja a liberdade das mulheres. Com a associação Ni Putes ni Soumises [Nem putas nem submissas], o feminismo civilizatório na França adquire uma força suplementar de mulheres racializadas que apresentam características associadas à "mulher oriental", mas com uma dimensão moderna, pois denunciam o machismo de sua comunidade e aderem a uma ideologia da integração.

Para dar um exemplo mais recente desse tipo de pânico moral: em 2016, Nadia Remadna alertou que alguns cafés nos bairros populares eram proibidos às mulheres.[117] Pascale Boistard, ex-secretária de Estado dos Direitos das Mulheres de um governo socialista, seguiu na mesma linha: "Há em nosso território zonas onde as mulheres não são aceitas".[118] Mulheres jornalistas da France Télé, enviadas para investigar um café em Sevran identificado como hostil à presença feminina, teriam escutado alguém dizer: "Você tá no 93 aqui, não tá em Paris! Aqui a mentalidade é outra, é como no *bled!*".[119] Na reportagem veiculada em horário nobre, uma voz sobreposta explicava esse estado de coisas: "Por que os homens rejeitam as mulheres? Um problema

---

[117] Nadia Remadna, "Un café interdit aux femmes en France en 2016? Oui, c'est la faute des pouvoirs publics". *L'Obs avec Le Plus*, 9 dez. 2016.
[118] Xavier Frison, "Des cafés interdits aux femmes en France? Benoît Hamon relativise…". *Marianne*, 18 dez. 2016.
[119] Ibid. [*Bled* é um termo árabe que, quando utilizado por imigrantes nos países francófonos, designa sua cidade natal, seu país de origem. Ao ser empregado por franceses, pode assumir um sentido pejorativo e quase sempre exotizante, indicando um lugarejo perdido, distante. – N. T.]

de tradição, de cultura, mas também de religião".[120] O cenário era perfeito: Nadia Remadna, no cerne da denúncia, uma mulher de origem magrebina e que já fora de esquerda, mulheres jornalistas, homens racializados, um bairro popular, uma explicação culturalista (tradição, cultura, religião). Mesmo que jornalistas do *Bondy Blog* tenham mostrado, após investigação, que aquela informação era falsa, foi preciso esperar um ano para que um dos responsáveis da France Télé reconhecesse que houvera um "*bug*".[121] Mas a imagem entrou no debate público: uma tradição, uma cultura e uma religião contrárias aos costumes franceses forjam um espaço marcado pelo gênero e hostil às mulheres.

A diferença colonial entre o território da modernidade (a cidade branca) e o das pessoas racializadas (a periferia) volta à cena. A imagem de uma segregação generificada do espaço público, produzida exclusivamente por homens da periferia, invisibiliza outras formas de segregação social e racial.

Ao baixarem os olhos, evitarem os olhares, serem discretas, as mulheres vão perdendo, pouco a pouco, seu lugar no espaço público. E, ao banalizar e aceitar essa forma de violência, nós permitimos que violências ainda mais graves sejam cometidas. Não fechemos mais os olhos. É construindo um espaço propício à igualdade dos sexos que poderemos começar a erradicar violências domésticas, sexuais, morais, físicas e de muitos outros tipos e, assim, ajudar as vítimas a se expressarem.[122]

---

[120] Louise Hermant, "'Cafés interdits aux femmes à Sevran': un responsable de France Télé reconnaît un bug". *Les Inrockuptibles*, 9 fev. 2018.
[121] Ibid.
[122] Ni Putes ni Soumises, in npns.eu.

Encarcerar, punir

Recorrer ao sistema penal e, portanto, encorajar a detenção é manter a ideia de que as "prisões são necessárias à democracia e são um elemento central para a solução dos problemas sociais".[123] Mas quem são as pessoas mandadas para a prisão? Pois

> não é segredo que a prisão é usada, pelo Estado, sobretudo, para controlar as populações não brancas e pobres, precarizando os/as encarcerados/as e seus próximos, atacando a saúde física e mental dos/as prisioneiros/as, submetendo-os/as à boa vontade e à violência dos agentes carcerários e da administração.[124]

Constata-se que,

> se as mulheres são muito menos encarceradas nos estabelecimentos oficialmente considerados prisões (elas contabilizam por volta de 4% nos lugares de encarceramento geridos pela administração penitenciária), por estarem submetidas prioritariamente a outras formas de controle social (por meio da medicalização exagerada, da psiquiatrização, da tomada de responsabilidade pelo setor "social", por exemplo, em abrigos como o Palais de la Femme), as mulheres não brancas, precarizadas, sem documentos estão aqui novamente sub-representadas, em especial as mulheres transgênero.[125]

---

123 Angela Davis, *Abolition Democracy: Beyond Empire, Prisons and Torture*. New York: Seven Stories, 2005, p. 65.
124 "En Soutien aux meufs trans incarcérées et pour un féminisme contre les prisons". *Paris-luttes.info*, 30 jan. 2020.
125 Ibid.

Nas prisões da Île-de-France,

as mulheres trans são majoritariamente estrangeiras, presas por motivos relacionados à repressão e à penalização direta ou indireta de imigrantes sem documentos, do trabalho sexual ou do tráfico de entorpecentes. Por exemplo, leis que atacam as condições de trabalho das trabalhadoras do sexo (lei de penalização dos clientes de 2016; diversos decretos contra o estacionamento que visam, em sua aplicação, as TDS [trabalhadoras do sexo]; medidas "antiabordagem"; futura lei contra o ódio virtual etc.) precarizam-nas e permitem que sejam enquadradas em diferentes delitos (a ajuda mútua entre TDS, notadamente, pode levar a uma condenação por proxenetismo indireto,[126] a autodefesa pode gerar a condenação por violência ou ultraje e rebelião etc.).[127]

Nas prisões, as "garotas rom são tratadas como rapazes, até mesmo de modo mais severo do que eles. [...] E depois prenderão também as mulheres que transgridem completamente a lei do gênero: as 'mães más', que foram capazes de causar mal a seus filhos".[128] Em 1º janeiro de 2019, quase 30% das mulheres presas eram estrangeiras, analfabetas ou não tinham concluído o ensino primário. Na maior parte dos casos, eram mais velhas do que seus colegas do sexo masculino e, proporcionalmente,

---

[126] Em francês, "*proxénétisme de soutien*" designa a atitude de quem ajuda ou protege a prostituição de outrem, aproveita-se dela, mas sem exercer pressão sobre a pessoa prostituída nem organizar a sua exploração. Cf. Diane Lavallée, "La Prostitution: profession ou exploitation?". *Éthique Publique*, v. 5, n. 2, 2003. [N. T.]

[127] "En Soutien aux meufs", op. cit.

[128] Laure Anelli, "Les Femmes épargnées par la justice?". *Observatoire International des Prisons – Section Française*, 28 jan. 2020.

mais numerosas em prisão provisória (39% contra 28% de homens).[129] Entre essas detentas, "muitas são 'mulas', mulheres originárias da Guiana ou de outros lugares da América do Sul que, vivendo em grande precariedade, foram constrangidas a transportar drogas, muitas vezes em troca de remuneração financeira".[130] Enclausuradas e invisíveis, essas mulheres são facilmente esquecidas, pois, "como mulheres, elas supostamente seriam as garantidoras da ordem moral", prossegue a socióloga.

> As detentas sofrem, então, de certo modo, uma dupla estigmatização: elas não apenas infringiram a lei, mas também transgrediram as normas ligadas ao seu sexo. O sentimento de vergonha é mais forte entre as mulheres, e as pessoas que lhes são próximas frequentemente lhes viram as costas.[131]

As políticas antiestrangeiros/as, o assédio da polícia a imigrantes sem documentos e a pessoas não brancas de modo geral atingem também as mulheres trans por via do "acesso impossível a trabalho e moradia, no âmbito legal, e pelas deportações".[132]

Um feminismo decolonial antirracista não pode defender a prisão que "oculta o jogo dos poderosos com regras que não são menos maciças e permanentes, mas que, ao serem ocultadas, ganham impunidade ou, ao menos, uma tolerância seletiva".[133] A prisão não afeta apenas a detenta ou o detento,

---

[129] Id., "Femmes détenues: les oubliées". *Dedans-Dehors*, n. 106, dez. 2019.
[130] Ibid.
[131] Corinne Rostaing, apud L. Anelli, "Femmes détenues", op. cit.
[132] L. Anelli, "Femmes détenues: les oubliées", op. cit.
[133] Jacques Lesage de La Haye, apud Grégory Salle, *L'Utopie carcérale: petite histoire des "prisons modèles"*. Paris: Éditions Amsterdam, 2016, p. 192.

mas também a família e a comunidade, pois o "verdadeiro alvo ideológico do aparelho penal" são "as famílias, mais do que os indivíduos".[134] Para quem está preso/a, as revistas vaginais e retais, a desumanização, o isolamento, o tédio, o sentimento de estar encarcerado/a para sempre e de ter perdido todo contato com a vida social levam a um número elevado de suicídios e automutilações, ao consumo constante de psicotrópicos entorpecentes e a uma difícil reinserção na vida íntima e social; para as famílias, as dificuldades relacionadas ao transporte, à distância e ao isolamento das prisões, as salas de visita sujas e barulhentas que impedem toda e qualquer intimidade somam-se ao estresse e à dor. A prisão, "devoradora de homens e mulheres",[135] não pode ser reformada. A prisão modelo, historicamente ligada ao "primeiro dispositivo de educação e normalização da massa",[136] corresponde hoje a uma maior imbricação entre neoconservadorismo e neoliberalismo. Angela Davis, porta-voz do abolicionismo penal, explica por que essas reformas nunca vão muito longe:

> E aqueles/as dentre nós que se identificam como abolicionistas penais, em oposição a quem defende o reformismo penal, ressaltam que as reformas muitas vezes criam situações nas quais o encarceramento de massa se torna ainda mais enraizado; por isso, devemos pensar no que, a longo prazo, produzirá o desencarceramento, menos pessoas atrás das grades e, esperamos, em algum momento no futuro, a possibilidade de imaginar uma paisagem

---

134 G. Ricordeau, *Les Détenus et leurs proches: solidarités et sentiments à l'ombre des murs*. Paris: Autrement, 2008, p. 14.
135 Ibid., p. 197.
136 M. Perrot, *Les Ombres de l'histoire: crimes et châtiments au XIXe siècle*. Paris: Flammarion, 2001, p. 22.

sem prisões, na qual outros meios sejam utilizados para solucionar os problemas ligados a danos; na qual problemas sociais, tais como o analfabetismo e a pobreza, não levem um grande número de pessoas a uma trajetória que acabará na prisão.[137]

A prisão "humanizada", diz um de seus arquitetos, deve, sobretudo, levar "o detento a aceitar sua condição sem revolta".[138] Criticar a prisão não pode ser uma política, é "cansar-se com uma luta que, de certa forma, não é mais a nossa",[139] afirma Gwenola Ricordeau.

Diante de um erro cometido, como fazer, coletivamente, para que as pessoas que o cometeram assumam suas responsabilidades e como reparar aquelas que sofreram com esse erro? Quais soluções vamos oferecer às pessoas para que não precisem chamar a polícia em uma situação na qual estejam ou se sintam em perigo? Refletir em busca de soluções para não chamar a polícia ou não precisar prestar queixa me parece bem mais interessante do que criticar a prisão ou fazer trâmites para obter algum tipo de reconhecimento pelo Estado.[140]

Ao confiar ao Estado o monopólio da resolução de conflitos, o feminismo carcerário salva as mulheres "judicializando os homens";[141] ao apoiar-se "na violência de Estado para limi-

---

137 A. Davis, "Angela Davis on Prison Abolition, the War on Drugs and Why Social Movements Shouldn't Wait on Obama". *Democracy Now*, 6 mar. 2011.
138 G. Salle, *L'Utopie carcérale*, op. cit., p. 196.
139 L. Quiroz e R. Chekkat, "Abolir le système penal", op. cit.
140 Ibid.
141 G. Ricordeau, *Pour Elles toutes,* op. cit., p. 153.

tar a violência doméstica, [o feminismo carcerário] acaba tão somente por prejudicar as mulheres mais marginalizadas",[142] escreve Victoria Law. Precisamos parar de recorrer a um sistema – que alega nos salvar – organizado para excluir, encarcerar e matar. O equilíbrio a ser encontrado entre a recusa de toda e qualquer participação e o engajamento na luta social antirracista deve ser negociado e encontrado a cada vez, pois não existe caminho previamente traçado.

---

[142] Victoria Law, "Against Carceral Feminism". *Jacobin*, 17 out. 2014.

Conclusão

O feminismo decolonial como utopia

Um mundo governado pela ganância e pelo poder

A violência sistêmica e estrutural do capitalismo racial e do patriarcado foi, mais uma vez, revelada pelas políticas de confinamento em resposta à pandemia causada pelo vírus da covid-19.[1] Feminicídios, assassinatos de militantes autóctones,[2] violência contra as pessoas idosas e as crianças, violências policiais e racistas não diminuíram em nenhum lugar. Se as consequências dessas políticas não são exatamente as mesmas de um país a outro,[3] fica claro que as desigualdades e injustiças sociais e raciais foram agravadas, o que contribuiu para iluminar a imensa precarização criada pela globalização do capitalismo e sua estrutura racial. Essa política ressaltou, mais uma vez, a diferença entre o tratamento concedido pelo governo àquelas e àqueles que, tendo sempre se beneficiado historicamente de proteção, continuaram gozando desse privilégio, e o tratamento dispensado àquelas e àqueles que, também historicamente, foram

---

[1] O governo francês decretou "estado de emergência sanitária" em 17 de março de 2020.
[2] Survival International, "Amazon Guardian, Indigenous Land Defender, Shot Dead in Brazil", 1º abr. 2020.
[3] Há diferenças nas taxas de contaminação e mortalidade entre Grécia e França, entre Taiwan, Coreia do Sul, Vietnã e Estados Unidos...

fabricadas/os como descartáveis, excedentes, que podiam ser não apenas expostas/os ao vírus e à morte como também criminalizados/as por isso. Entendemos muito rapidamente que vivíamos não somente uma crise sanitária mas também um momento político e histórico que não era de forma alguma fruto do acaso.

A epidemia foi uma catástrofe anunciada. Há décadas os cientistas alertavam os governos sobre os riscos advindos da multiplicação de zoonoses, que cria condições para saltos de espécies, do aumento das condições que favorecem doenças infecciosas e da redução de orçamentos de pesquisa sobre essas doenças. O capitalismo racial neoliberal levou-nos ao abismo – elevação do nível do mar, derretimento das geleiras, ciclones mais devastadores, secas e inundações, ar e água poluídos –, moldando um mundo mortífero ao mesmo tempo que reflete uma vida plena e feliz. Respirar se tornou um privilégio de classe e raça, e há hoje mais mortes prematuras no mundo relacionadas à poluição do ar do que a qualquer outra causa.[4] Nos meses que precederam a primeira ordem de confinamento (em 23 de janeiro de 2020, na cidade de Wuhan), para falar apenas desse período, fomos testemunhas de uma destruição impressionante do meio ambiente: incêndios na Califórnia, na Sibéria, na bacia do Congo, na Amazônia, na Indonésia, na Austrália e até no Ártico. As cinzas que escureceram o céu e cobriram os solos, as paisagens, as ruínas e até os picos de montanhas distantes, os milhões de animais que pereceram, os seres humanos que foram condenados a perder todo os seus bens, a respirar o

---

[4] Nathalie Mayer, "La Pollution de l'air est le fléau qui réduit le plus l'espérance de vie dans le monde". *Futura Santé*, 8 mar. 2020; ver também o relatório no *European Heart Journal*. Disponível em academic.oup.com/eurheartj.

ar viciado ou a morrer queimados vivos – nada disso comoveu os governantes. Essas catástrofes nos trouxeram à memória a explosão da fábrica de pesticidas Union Carbide, em Bopal, em 1984, o abandono da comunidade afro-americana em Nova Orleans após a destruição causada pelo furacão Katrina em 2005, as mulheres queimadas vivas no Rana Plaza em 2013, as terras e comunidades racializadas devastadas pela clordecona nas Antilhas, a indústria do ouro na Guiana, a indústria do níquel em Kanaky. As causas e consequências dessas catástrofes foram encobertas por mentiras de Estado, pela impunidade dos industriais e pela ausência de reparações. Com o passar dos anos, a desumanização se tornou um negócio corrente.

As medidas governamentais desaceleraram as atividades industriais e agroalimentares, resultando na pobreza e na fome, mas não permitiram vislumbrar outro mundo além daquele "governado e movido pela ganância e pelo poder", um "mundo desprovido de respeito, de honra"[5] e de amor. Desde então, é sem surpresa que tomamos conhecimento de que os índices de mortalidade por covid-19 são mais elevados entre comunidades pobres e racializadas, negras, autóctones, migrantes, refugiadas, encarceradas ou que vivem nas ruas porque não possuem fácil acesso aos cuidados, não têm plano de saúde e sofrem com altos índices de comorbidades – diabetes, hipertensão e sobrepeso –, mostrando que não há igualdade de acesso à saúde de qualidade. Bastaria revisar a história do colonialismo e das epidemias, da ciência e da racialização, para saber que o socioeconômico manipula o biológico. Para

---

[5] Palavras da Jeunesse Autochtone de Guyane (JAG), apud Goldoracle, QuedlaGold e Goldebois, *Ni Or ni maître: Montagne d'Or et consorts*. Les Éditions du Couac, 2019, p. 20.

algumas de nós, a epidemia do vírus chikungunya na Ilha da Reunião (2005–06) já tinha ilustrado as ligações entre desmatamento, capitalismo, proliferação de zoonoses, turismo, enfraquecimento dos serviços de saúde pública no Sul global na sequência de programas de austeridade, pesquisa médica com foco nas doenças do Norte, a incompetência e o desprezo do governo francês, ou seja, a relação entre taxas de mortalidade associadas ao vírus e índices de comorbidade ligados à pobreza, ao racismo e à colonialidade. Foi sem surpresa que vimos a polícia receber as mais amplas prerrogativas para repressão das comunidades racializadas, e foi sem surpresa que vimos a pobreza e a fome se propagarem. As cláusulas do contrato racial[6] e do contrato sexual fundadas na extração e na predação podiam ser vistas por aquelas/es que quisessem ver. O confinamento também foi precedido por um movimento global de protestos na Argélia, na França, no México, no Chile, no Líbano, nos Estados Unidos, na Índia e em outros lugares contra as violências policiais, o extrativismo, o desequilíbrio climático, o hiperconsumismo, o capitaloceno racial, o racismo, os feminicídios e os ataques às populações autóctones. Esses movimentos enfrentaram com coragem a polícia e inventaram novas formas de protesto.

A violência não conhece nenhuma trégua: não há um dia sequer livre de notícias relatando a destruição, a exploração e a devastação causadas pelo capitalismo racial globalizado – o regime de *apartheid* na Palestina ocupada, os corpos desmembrados, mutilados e queimados vivos de mulheres, os estupros

---

[6] Com essa noção, Charles Mills designa o que está escrito com tinta invisível no contrato social, o acordo tácito entre os membros de uma sociedade branca: as regras do contrato não se aplicam às pessoas racializadas. Ver id., *The Racial Contract*. London: Cornell University Press, 1997.

e assassinatos cotidianos, os homens negros jogados na prisão, a poluição causada pelas indústrias químicas e digitais.

Botem fogo!

> Crianças, botem fogo, botem fogo!
> Botem fogo para botar ordem
> Botem fogo, botem desordem
> Botem desordem para botar ordem[7]

Em 24 de março de 2018, na Martinica, aquela terra devastada pelo crime de Estado que é a poluição dos solos, rios e mares pelo pesticida clordecona, feministas denunciavam uma violência na qual se entrecruzam saúde, colonialismo, racismo, sexismo, violências, crimes ambientais, relações entre mulheres e homens, solidariedade intergeracional e resistência. "Botem fogo / Botem desordem para botar ordem", cantava o grupo feminista #Pebouchfini, cujas integrantes se posicionavam detrás da faixa que dizia: "Ontem escravizadas / Desde sempre exploradas / Hoje envenenadas / As mulheres dizem basta!". Adotando o ritmo dos cantos populares – uma voz, um coro –, elas clamavam: "Uma terra saudável / É isso que queremos! / Homens saudáveis, em todos os sentidos / É isso que queremos! / Mulheres saudáveis / É isso que queremos! / Ser livres / É isso que queremos! / Crianças saudáveis / É isso que queremos!".[8]

---

[7] Lemas cantados por feministas martinicanas, extraídos do filme de Florence Lazar, *Tu crois que la terre est chose morte* (2019).
[8] Ibid.

Dois anos depois, em 8 de março de 2020, na praça central da Cidade do México, enquanto a pandemia causada pelo vírus da covid-19 se espalhava pelo mundo, as feministas entoavam as palavras do *Canto sem medo*, que nos lembram da cumplicidade, nos crimes de feminicídio, entre justiça, Estado, patriarcado e polícia.

> Que tremam o Estado, os céus e as ruas
> Que tremam os juízes e toda a justiça
> Hoje as mulheres perderam a calma
> […]
> E a Terra treme até as entranhas
> Diante de nossos gritos de amor.[9]

É neste contexto – cólera e fúria construindo os movimentos sociais no mundo; aceleração mais rápida do que o previsto da destruição do meio ambiente; início, na França, da primeira etapa do estado de emergência sanitária decretado em 17 de março de 2020 pelo governo; aumento das desigualdades e injustiças sociais e raciais; oportunidades para a economia neoliberal e o Estado securitário e militarizado – que escrevo minha conclusão. Eu me abasteci de tudo que foi escrito sobre as mentiras, as tergiversações, o desprezo de classe e raça dos governos, mas meu foco aqui é a violência sistêmica que corrói nossa existência e destrói as condições necessárias à preservação da vida humana. Essas violências são econômicas e sociais, psicológicas e culturais. Os programas governamentais

---

[9] Mon Laferte, Vivir Quintana e coletivo de cantoras El Palomar, "Canción sin miedo". Cidade do México, 8 mar. 2020. A letra é de Laferte, em homenagem a uma amiga vítima de feminicídio.

de confinamento e pós-confinamento anunciam um desenvolvimento considerável do capitalismo digital e das restrições à mobilidade, à troca e ao encontro. Um vasto programa de engenharia social foi acionado desde os primeiros dias das políticas de confinamento, e ninguém pode garantir que ele não será permanente. Ele toca no mais profundo das interações humanas e da solidariedade intergeracional, como vimos na França com a condenação das pessoas idosas a uma morte solitária sem uma mão afetuosa que as acompanhasse. Esse programa alimenta a delação, a desconfiança e o estresse. Muitas são as pessoas que dizem ir trabalhar com "um nó na barriga" e que se deparam com uma maior agressividade causada pela preocupação e pelo medo. Os governos sonham com vidas dóceis, domesticadas e privatizadas. A julgar pelas perspectivas elaboradas por banqueiros, especialistas em finanças, empresários e consultores de investimentos, as declarações virtuosas sobre uma mudança de paradigma parecem completamente fictícias. Estamos prevenidos/as: reestruturações maciças à vista, aumento da vigilância, do controle e daquilo que Naomi Klein chama de *Screen New Deal*:[10] crescimento das indústrias de vigilância e controle, de educação e diagnóstico de saúde on-line, privatização dos sistemas de saúde...

Durante o confinamento, aquilo que as feministas negras, do Sul global, materialistas ou sindicalistas racializadas vinham explicitando havia décadas – que as mulheres racializadas constituem a base sobre a qual as sociedades constroem seu conforto – foi finalmente admitido por acadêmicas/os, jornalistas, representantes políticos e, desde então, midiatizado.

---

[10] Naomi Klein, "How Big Tech Plans to Profit from the Pandemic". *The Guardian*, 13 maio 2020.

No Brasil, nos Estados Unidos, em Singapura ou na França, as burguesias precisaram admitir que seu bem-estar e seu feminismo, quando professam um, dependem do trabalho dessas mulheres. Seu mundo apareceu tal como é: um mundo de uma sujeira pretensamente compensada pelas preocupações higienistas dessa burguesia planetária, em contraste com as comunidades pobres e racializadas que negligenciariam por preguiça seu ambiente e seu hábitat. Ora, as noções de limpeza e sujeira não são neutras; não há igualdade no acesso à água, ao sabão, ao hábitat ecológico. A água é inacessível a imigrantes, pessoas que vivem na rua, prisioneiros/as – em Guadalupe, o prefeito chegou a organizar uma distribuição de água com caminhões-pipa![11] A higiene tem uma história racial e de classe. Em sua descrição do estado dos quartos de hotel que as camareiras racializadas limpam, Rachel Kélé, uma das grevistas do hotel Ibis Accor de Batignolles, em Paris,[12] explicita a relação entre mulheres racializadas, exploração, sujeira e limpeza: as camareiras encontram quartos nos quais os/as clientes deixaram vômito, banheiros sujos, resíduos e manchas de sangue ou excremento, farelos de refeições, roupas no chão, a ponto de às vezes serem necessários dois a três sacos grandes de lixo para esvaziá-los. Ao associar esses sinais de desprezo com os do grupo Accor e da empresa terceirizada que

---

11 Nadine Fadel, "Pénurie d'eau en pleine crise de coronavirus: le préfet prend la main dans 6 communes de Guadeloupe". *Guadeloupe 1*, 19 mar. 2020. Em La Désirade, mesmo problema: "Distribution de bouteilles d'eau à la Désirade". *France-Antilles*, 5 mai. 2020. E também em Mayotte: Sophie Chapelle, "À Mayotte, 'avec le coronavirus, la dengue et la faim, le cocktail est explosif'". *Basta!*, 29 abr. 2020; Patrick Roger, "Coronavirus: à Mayotte, 'c'est impossible de rester à l'intérieur'". *Le Monde*, 7 abr. 2020.
12 A referida greve começou em 17 de julho 2019.

contrata camareiras para arrumar de 30 a 50 quartos por dia, no ritmo de um quarto a cada 17 minutos, em troca de um salário de 800 a 900 euros por mês; com o trabalho que "desgasta" e "exaure"; com a relação entre racialização e invisibilização; com o sofrimento por não poderem oferecer aos seus filhos a educação que elas desejam e os presentes que eles merecem, Rachel Kélé mostra a importância de unir sentimentos, emoções e fatos para descrever de perto a violência estrutural que atinge essas mulheres.[13] A invisibilização, o desrespeito pelo trabalho, os salários baixos, a exploração e o racismo que marcam as profissões "essenciais" exercidas por mulheres racializadas repousam sobre a longa história do trabalho da reprodução social e do conforto da sociedade racializada. Esses fatos condensam a arquitetura social e racial das casas burguesas ou dos espaços do capital ou do Estado: nenhum respeito é devido a uma pessoa racializada, quem quiser pode espalhar sua imundície sem nenhuma vergonha, exibir aspectos de sua vida privada, sentir até prazer em fazê-lo, pois se compraz em contribuir para a humilhação das racializadas, para a negação de sua dignidade. No regime de escravidão colonial, da *plantation*, os proprietários – mulheres e homens – falavam de assuntos privados ou se mostravam sem nenhuma hesitação nas situações mais íntimas diante dos/as escravizados/as, como fizeram, e ainda fazem, burgueses/as diante de seus/suas empregados/as domésticos/as ou como hoje muitas pessoas fazem diante de vendedores/as, vigias, diaristas e trabalhadores/as do sexo. Civilidade e limpeza burguesas são máscaras que repousam na devolução de limpeza e cuidado por parte de

---

[13] AJ+ France, "Ils pensent que nous sommes leurs esclaves et y'a pas de respect", 19 fev. 2020.

racializados/as, no esgotamento de seus corpos e suas forças e, portanto, inevitavelmente, na fabricação de corpos menos saudáveis. O corpo saudável, que é a medida das políticas de saúde pública, é historicamente marcado pelo racismo e pela classe. Os corpos racializados são corpos sócio-históricos. Falar dos corpos e das vidas "invisíveis" não significa pleitear o reconhecimento das pessoas poderosas, e sim rejeitar o regime de visibilidade historicamente racializado e generificado. As lutas feministas decoloniais e antirracistas contra a violência implicam compreendê-la não só como fruto da dominação masculina mas também de um sistema que faz da violência um modo de vida e de existência, que a institui como única forma de relação possível. Ao declarar guerra ao Estado, à polícia, aos juízes; ao considerar como condição de uma vida sossegada a saúde da Terra, assim como daquelas e daqueles que a habitam; ao destacar a necessidade do trabalho de limpeza das pessoas racializadas para o mundo, essas feministas e mulheres da luta apontam o aspecto multidisciplinar, transversal, transfronteiriço e internacionalista das lutas feministas de libertação.

Vidas feridas

A cultura dominante propõe todos os dias, de modo direto ou subliminar, a imagem do que é "ser uma mulher" e "ser um homem", e esse homem e essa mulher são pessoas de classe alta, branca ou embranquecida, e com excelente saúde. Analisar a violência é se dar conta do fato de que a dominação masculina é exercida sobre as mulheres *e* sobre os homens. A escravidão colonial é a matriz dos binarismos que fundam a dominação entre os gêneros e no interior de um gênero.[14] Inseparável da modernidade ocidental, do avanço do capitalismo, da militarização dos mares e oceanos pelos países ocidentais, a escravidão colonial regulou o direito internacional moderno de propriedade da terra, das plantas, dos animais e dos corpos. O homem branco se tornou um pioneiro, um desbravador de terras, um explorador de territórios que só eram "virgens" em sua cabeça. A mulher branca se tornou frágil e delicada, em oposição ao homem branco, mas também à mulher negra. A escravidão transformou os corpos de mulheres e homens negros/as em objeto sexuais, em corpos que poderiam ser traficados e massacrados, estuprados, humilhados e explorados até a morte. Eles foram o campo das manobras culturais e políticas, objetos de laboratórios, dissecados, desfigurados. Mas, se a escravidão colonial fixou o gênero, ela também o "problematizou". Ela racializou o gênero e era "cega" ao gênero (do mesmo modo como o capitalismo também pode ser). As mulheres negras foram construídas como duras na queda, incapazes de sentimento maternal, de amor e de afeto *e* como capazes de alimentar e cuidar das crianças brancas, tarefas para as quais as brancas lhes pediam para ser gentis e amáveis. Uma mulher negra escravizada era um corpo-objeto do sexo feminino *e* um corpo sem gênero e sem sexo que poderia ser explorado as-

---

14 O *status* de escravizado/a como objeto não é exclusivo da escravidão ocidental. Ver, a esse respeito, James C. Scott, *Homo domesticus: une histoire profonde des premiers États*. Paris: La Découverte, 2019. Scott mostra que, nos registros sumérios, pessoas escravizadas eram contadas do mesmo modo como se contavam gado ou bens móveis. Ver também Paulin Ismard, *La Cité et ses esclaves: institution, fictions, expériences*. Paris: Seuil, 2019. Nos casos examinados pelos autores, não há racialização equivalente àquela da escravidão colonial.

sim como o de um homem escravizado. Ela foi alvo de repetidos estupros como "mulher" *e* como "escrava", foi torturada do mesmo modo que um homem negro.[15] Foi designada para os trabalhos mais pesados nos campos *e* para os trabalhos de cozinheira e servente. Os homens negros foram construídos como brutos sexualizados, como seres sem capacidade de compreensão das técnicas *e* como pessoas às quais os escravistas confiavam o funcionamento de seus moinhos, atribuindo-lhes o posto altamente qualificado de cocheiro ou de comandante. A invenção de uma virilidade branca repousa sobre a criminalização dos corpos masculinos racializados, sobre a misoginia, a negrofobia e o orientalismo. A capacidade dos homens racializados de amar e de produzir discursos complexos é colocada em dúvida. Um linguista pode dizer com toda legitimidade:

> A tendência comum entre os jovens de bairros populares é a utilização de frases curtas [...]. A frase complexa, com oração principal e subordinada, nunca é empregada, o que pode dar a aparência de uma rítmica única. A pobreza do léxico e a ausência de domínio da sintaxe também levam à utilização das mesmas formas de fragmentos de discursos congelados.[16]

O próprio fato de as circunstâncias dos assassinatos de jovens racializados nunca serem totalmente elucidadas, de as investigações não se concluírem, de as perícias serem recusadas e

---

15 É o que Hortense Spillers explica em "Mama's Baby, Papa's Maybe: An American Grammar Book". *Diacritics*, v. 17, n. 2, 1987. Ver também Stephanie Jones-Rogers, *They Were Her Property: White Women as Slave Owners in the American South*. New Haven: Yale University Press, 2019.
16 Gilles Guilleron, apud "Mais Pourquoi les Jeunes des cités ont-ils un accent?". *Le Parisien*, 27 nov. 2012.

os assassinatos permanecerem impunes soma-se à violência. Aos olhos da supremacia branca, o gênero das pessoas não brancas é ao mesmo tempo fixo e fluido, pois o binarismo dos gêneros é um atributo da branquitude. As mulheres racializadas não são exatamente "mulheres", e os homens racializados não são exatamente "homens", segundo as normas herdadas da escravidão e do colonialismo.[17] É isto que a noção de *misogynoir* explicita: a misoginia especificamente direcionada às mulheres negras, que sofrem com ataques sexistas, racistas e/ou coloristas.[18] Acrescentem-se a essas observações as análises das feministas do Sul global contra o machismo e o sexismo, que se baseiam na crítica que fazem sobre a "prioridade das lutas". Ter em conta essa organização racializada dos gêneros e dos corpos, da existência de masculinidades, de feminilidades e de gêneros não binários é também tomar conhecimento dos testemunhos de homens racializados sobre sua recusa da violência como prova de "masculinidade", é adotar um método multidirecional de análise. Ao manter a divisão binária mulher/homem, o feminismo carcerário punitivista poupa o racismo estrutural que sustenta esse binarismo. Enquanto as lutas contra as violências de gênero e sexuais repousarem sobre as categorias "mulheres" e "homens", forjadas e alimentadas pelo racismo e pelo sexismo,

---

17 Além do artigo clássico de H. Spillers, já citado, ver Thelma Golden (org.), *Black Male: Representations of Masculinity in Contemporary American Art*. New York: Whitney Museum of American Art, 1994. As obras em inglês sobre masculinidade negra se multiplicaram nos últimos anos; um verdadeiro *corpus* teórico vem se desenvolvendo, inclusive nas artes.
18 O termo foi criado pela feminista Moya Bailey, "They Aren't Talking about Me". *Crunk Feminist Collective*, 14 mar. 2010. Ver também: mrsroots.fr, gradientlair.com e mwasicollectif.org. [Em francês, "*misogynoir*" é uma junção das palavras "*misogynie*" (misoginia) e "*noir*" (negro). – N.T.]

no modo como são geridas pelo Estado, elas não poderão ser lutas de libertação.

"Nunca perder a oportunidade de aproveitar uma boa crise"

O neoliberalismo nunca é tão somente um programa econômico; ele visa a uma transformação cultural do "eu", na qual o sistema escolar e a socialização desempenham um grande papel.[19] É um programa "construtivista"[20] que ambiciona submeter as populações e seu ambiente. Os neoliberais não querem a destruição do Estado, mas sua submissão, sua transformação em uma ferramenta ativa e central de fabricação das subjetividades, relações sociais e representações coletivas. Eles sustentam sem grandes problemas, e simultaneamente, objetivos contraditórios,[21] o que a retórica do "ao mesmo tempo" de Macron ilustra, por exemplo, ao proferir um discurso de defesa dos direitos das mulheres e simultaneamente aprovar leis que as tornam – sobretudo as racializadas – mais vulneráveis à pobreza e à violência. Suas mentiras, incompetências, declarações absurdas ou vazias não devem nos impedir de enxergar seus objetivos; nós também devemos nos perguntar qual sociedade pós-pandemia o capitalismo está preparando para nós, quais formas de interação social o Estado vai autorizar e como suas medidas, a fim de frear a cólera social, vão reforçar a desconfiança, a suspeita e a delação; como a prevenção da crise sanitária vai facilitar a

---

19 Philip Mirowski, *Never Let a Serious Crisis Go to Waste: How Neoliberalism Survived the Financial Meltdown*. London: Verso, 2013.
20 Ver Wendy Brown, *Edgework: Critical Essays on Knowledge and Politics*. Princeton: Princeton University Press, 2005, p. 40.
21 P. Mirowski, *Never Let a Serious Crisis Go to Waste*, op. cit.

efetivação de uma "tecnopolícia"[22] e de um Estado policial mundial. É um vasto programa de engenharia social que se anuncia, no qual regulamentações, leis e ideologias visam disciplinar os comportamentos individuais e sociais.

Se nem os neoliberais nem os governos que os servem esperavam a pandemia de covid-19, eles não tardaram a ver no confinamento uma oportunidade de lucrar, de acelerar o desenvolvimento do capitalismo digital e, consequentemente, de reduzir o custo do trabalho. Os lucros, nós os vemos desde janeiro: a fortuna de Eric Yuan, fundador da empresa Zoom, plataforma que facilitou as reuniões on-line e as videoconferências, se multiplicou,[23] assim como a de Jeff Bezos, fundador da Amazon.[24]

A cada "crise" os poderes coercitivos do Estado são ampliados, a economia é reestruturada, o espaço social-racial é reordenado. Depois de nos terem levado à beira do precipício, o Estado e os neoliberais superam a crise fazendo com que se aceitem as perdas humanas entre as classes mais pobres e racializadas e intensificando os avanços tecnológicos. A "acumulação militarizada" se tornou um fato global,[25] e a economia mundial está "cada vez

---

[22] A sua implementação na universidade é detalhadamente descrita em "Crise sanitaire: la technopolice envahit l'université". *La Quadrature du Net*, 30 abr. 2020.

[23] Jean-Philippe Luis, "Coronavirus: la fortune de Jeff Bezos gonfle durant la pandémie". *Les Échos*, 16 abr. 2020; "Jeff Bezos s'est enrichi avec la pandémie contrairement aux autres ultra-riches". *Business Insider*, 1º abr. 2020.

[24] Ibid. Entre 1º de janeiro e 10 de abril de 2020, os bilionários mais ricos dos Estados Unidos viram sua fortuna aumentar várias dezenas de milhões de dólares. Ver "Durant la Pandémie, la fortune des milliardaires étatsuniens a augmenté de 282 milliards de dollars". *Reporterre*, 2 maio 2020.

[25] William I. Robinson, "Beyond the Economic Chaos of Coronavirus Is a Global War Economy". *Truthout*, 23 mar. 2020.

mais dependente do desenvolvimento e da implementação de sistemas de guerra, controle social e repressão, para além das considerações políticas, simplesmente como meio de obter benefícios e continuar acumulando capital diante da estagnação".[26] Na França, a ideia de um *continuum* entre as formas de segurança garantidas pelo Estado e aquelas desenvolvidas pela esfera privada encontra cada vez mais apoio entre os representantes eleitos e o governo. Técnicas de reconhecimento facial que funcionam até com o rosto coberto,[27] drones, câmeras, geolocalização, coleta de dados e escutas telefônicas alimentam um mercado já muito lucrativo: no fim de 2018, "o mercado mundial da segurança apresentava um crescimento insolente de 7%, bem superior aos 2% de crescimento mundial, atingindo um faturamento de 629 bilhões de euros".[28] Em nome da segurança de todos, a proteção é militarizada, comportamentos são penalizados e comunidades são criminalizadas. O que nos garante que a proteção das mulheres e sua liberdade de circulação não repousarão nessa militarização do espaço público, e mesmo do privado?

A guerra, que está no coração da construção do mundo moderno e que constitui o fundamento da política colonial e imperialista, é a arma central da violência estrutural e sistêmica, do capitalismo racial e neoliberal e do patriarcado que lhe é inerente. O "nós" da retórica governamental é um nós fictício.[29]

---

[26] Ibid.
[27] "Reportage à Milipol, le salon mondial de la sécurité intérieure. Déclaration de guerre". *Lundimatin*, 9 dez. 2019.
[28] Émilie Massemin e Isabelle Rimbert, "Nous avons visité Milipol, le salon de la répression". *Reporterre*, 21 nov. 2019.
[29] Por exemplo, na frase "Nós vamos ter que conviver com o vírus", de Édouard Philippe, primeiro-ministro. Discurso na Assembleia Nacional, 28 abr. 2020.

A linguagem da guerra satura nossa existência, e

> as guerras contra as drogas e o terrorismo, contra imigrantes, refugiados, gangues e jovens pobres, geralmente de pele escura e da classe trabalhadora; a construção de muros nas fronteiras, de prisões para imigrantes, de complexos penitenciários-industriais, de sistemas de segurança de massa; e a multiplicação de agentes de segurança privados e de empresas mercenárias tornaram-se todas importantes fontes de lucro.[30]

Um feminismo decolonial não pode ignorar esses fatos, não pode esquecer que a "guerra contra o terrorismo" encontrou no orientalismo as referências para naturalizar e racializar a vigilância e o controle de muçulmanos/as, demonizando o véu, fazendo das mesquitas e escolas muçulmanas lugares perigosos e "por natureza" hostis à liberdade e à igualdade. Essa guerra nos fez aceitar a revista das bolsas e dos corpos, o esquadrinhamento militarizado do espaço, a verificação abusiva de identidade, a coleta de dados, a prisão domiciliar e a detenção abusiva de muçulmanos/as. Não é de surpreender que a pandemia e as políticas de confinamento tenham sido racializadas na França e em outros países. Racismos direcionados a asiáticos/as, africanos/as e muçulmanos/as não apenas serviram como válvula de escape como também permitiram justificar decisões geopolíticas e nacionais. Na França, em 20 de abril de 2020, já se contabilizavam cinco mortos e mais de dez feridos graves após batidas policiais nos bairros populares

---

[30] W. I. Robinson, "Beyond the Economic Chaos of Coronavirus Is a Global War Economy", op. cit.

[de Paris],[31] e nesses locais contabilizava-se o dobro da média nacional de controle de identidade e um número de multas três vezes maior do que a média nacional.[32] Em 20 de abril, sete queixas foram prestadas em razão de violência policial: "Além de insultos racistas, apalpões e humilhações, muitas vítimas dessas violências relataram que se viram à beira da morte, que não conseguiam respirar e que temeram pela própria vida".[33] Na noite de 25 para 26 de abril, um vídeo mostrava policiais franceses debochando e dando risadas após um rapaz que eles estavam perseguindo ter se jogado no Sena, em Île-Saint-Denis: "No vídeo, que dura menos de três minutos, vemos um dos policiais dizer: "Ele não sabe nadar, *bicots*[34] não nadam". A resposta é uma risada seguida da réplica: "*Bicots* flutuam, você devia ter amarrado uma bola de ferro no pé dele".[35] É provável que esses policiais não soubessem da existência da manifestação de 17 de outubro de 1961 quando fizeram suas piadas, mas em algum lugar o eco do gesto da polícia francesa em 1961 se inscreveu na memória policial.[36]

---

31 "Au Nom de la lutte contre le coronavirus, la police française a déjà tué 5 personnes et fait plus de dix blessés graves". *Paris-luttes.info*, 20 abr. 2020.
32 Emmanuel Fansten, "Confinement: en Seine-Saint-Denis, un taux de verbalisation trois fois plus important qu'ailleurs". *Libération*, 26 abr. 2020.
33 "Violences policières et confinement: sept plaintes déposées. Les familles montent au créneau". *Révolution Permanente*, 20 abr. 2020. Ver também José Rostier, "Violences policières dans les quartiers: rien de neuf sous le covid-19?". *L'Hebdo Anticapitaliste*, 14 abr. 2020.
34 Termo pejorativo e racista usado para se referir a árabes da África do Norte. [N. T.]
35 Olivier Bureau e Jean-Michel Décugis, "'Un Bicot ça ne nage pas': deux policiers des Hauts-de-Seine suspendus après les propos racistes". *Le Parisien*, 27 abr. 2020.
36 Ver, neste volume, p. 95, nota 53. [N. E.]

Diante da enxurrada de discursos sobre o mundo de depois, como pensar passado, presente e futuro sem se submeter à temporalidade da modernidade ocidental? Como recusar a injunção para o futuro que requer um apagamento sem reparação do presente? "Coletiva ou individualmente, estamos privados de projetos, incapazes de imaginar um futuro para além dos próximos dias que estão por vir. Porém, viver como pessoa plenamente humana é se projetar".[37] Imaginar seria um privilégio? Segundo o coletivo Pas sans Nous [Não sem nós],

> nos bairros populares, imaginar o "mundo de depois" – sem ofensas aos mais sinceros – permanece um luxo, [pois] para sonhar com o depois, seria preciso que o presente já fosse decente [...]. O cotidiano, no entanto, permanece o da indecência, da injustiça social e ecológica e da estigmatização. Com coronavírus ou sem coronavírus, o futuro aqui nunca foi realmente palpável, e o horizonte, precisamente, costuma ser inultrapassável.[38]

A imaginação de um futuro *pós* – escravocrata, racista, capitalista, imperialista, patriarcal – é, no entanto, uma ferramenta potente nas mãos dos/as oprimidos/as. Ousar dar um salto no tempo, ousar imaginar um mundo onde a humanidade não esteja dividida entre vidas que importam e vidas que não importam, sempre fez parte da pedagogia política dos/as oprimidos/as. A expressões como "não há alternativa", "sempre foi assim", "não se pode mudar a natureza humana", "sempre

---

[37] Sonia Dayan-Herzbrun, "Una vida que no es vida". *Comparative Cultural Studies*, v. 10, 2020.
[38] Fórum de Pas sans Nous, "Dans les Quartiers populaires, imaginer le 'monde d'après', n'en déplaise aux plus sincères, reste un luxe". *Basta!*, 5 maio 2020.

existiram os fortes e os fracos", "é da natureza feminina" se opõe o sopro revolucionário. Ousar imaginar é rejeitar a oposição entre passado, presente e futuro do tempo ocidental, que não diz respeito nem às comunidades, nem aos povos não ocidentais, nem às lutas. Essas múltiplas temporalidades são inultrapassáveis: elas têm a virtude de reparar um passado tecido por massacres, destruições e crimes; reparar um presente no qual massacres, destruições e crimes são elementos organizadores dos governos; reparar um futuro no qual os efeitos da violência passada e presente já são previsíveis. Essas temporalidades alternativas são aquelas de um feminismo decolonial antirracista. Os tempos do decolonial repousam em constatações: um passado escravocrata, racista e colonialista; um presente de exploração, racismo e opressão; e um futuro que anuncia formas de exploração e opressão associando técnicas de vigilância, controle, racismo e dominação do passado e do presente, bem como aquelas imaginadas para o futuro. Os tempos das lutas decoloniais são também os longos tempos das lutas, revoltas, insurreições e revoluções do passado, daquelas de hoje e das utopias de libertação. Essas utopias questionam a binariedade temporal do poder que ecoa a binariedade da guerra. Embora seja preciso, claro, organizar-se para responder às urgências materiais – a fome, o desemprego, o aluguel, a escola para as crianças, a luta contra a falência das empresas familiares nos bairros populares –, às quais se soma a necessidade de reduzir o estresse, a preocupação, os problemas de saúde, emprego e vida pessoal, não podemos ignorar que aquilo que está sendo preparado, e que afetará em primeiro lugar as classes populares e racializadas, exige imaginar um futuro.

Uma política feminista decolonial da proteção, antirracista e transfronteiriça

À litania macabra e cotidiana dos feminicídios, aos relatos de corpos desmembrados, esfaqueados, sufocados, torturados, mutilados, queimados vivos e jogados no lixo, respondem organizações de autodefesa feministas. Diante da indiferença e do desprezo dos governos e dos poderosos, coletivos feministas respondem com uma ação direta. Gritar sua cólera não basta, declara Carolina Barrales, do coletivo feminista Circulo Violeta, com sede em Tijuana, no México. E acrescenta: "Não vamos nos contentar em esperar tranquilamente que outra mulher seja assassinada ou outra menina seja estuprada. Vamos quebrar tudo que puder ser quebrado, continuar gritando, fazer tudo que pudermos fazer".[39] Mas os poderosos permanecem impunes; e, quando são finalmente acusados, tudo transcorre no recinto do tribunal – instituição patriarcal, sexista e racista na qual magistrados/as e advogados/as desempenham seu papel e em que as falas das mulheres se inscrevem num cenário sobre o qual possuem pouca influência. O processo é truncado, e muitas mulheres expressam o sentimento de não terem obtido justiça. Diante dessas ofensivas, os patriarcas se reorganizam e reprimem, retrocedem em relação aos direitos ou votam leis que fazem da brutalidade e da força um direito.[40]

---

[39] Tom Phillips, "'This Is Our Feminist Spring': Millions of Mexican Women Prepare to Strike Over Feminicides". *The Guardian*, 7 mar. 2020.
[40] Na Rússia, por exemplo, uma lei aprovada em 2017 sob pressão da Igreja Ortodoxa transforma em "assunto de família" a violência cometida pelo marido, companheiro ou pai. Se a vítima não estiver hospitalizada, não é crime. Isso não impediu Margarita Gracheva de prestar queixa contra seu marido. A polícia não fez nada. Ele acabou decepando as mãos

O mito da liberação da fala,[41] a distinção entre manifestações feministas "pacíficas", isto é, que respeitam as normas ditadas pelos detentores do poder, e manifestações que não respeitam essas normas e, portanto, podem ser violentamente reprimidas mostra novamente que aquilo que as mulheres querem e dizem com suas lutas deve ser adequado aos moldes da respeitabilidade dos direitos das mulheres para ser tolerado. Essa distinção foi exposta com clareza na França recentemente. No dia 7 de março de 2020, em Paris, durante uma "marcha noturna não mista" – isto é, reservada às mulheres, incluindo as racializadas e as transexuais – organizada por coletivos militantes distintos daqueles que convocavam a marcha de domingo, no 8 de março, as manifestantes cantavam: "Somos fortes, orgulhosas, feministas radicais e cheias de raiva". Ao chegarem na praça da República, a polícia as encurralou e atacou com gás lacrimogêneo. Algumas foram puxadas pelo cabelo, jogadas no chão, esbofeteadas, insultadas, arrastadas pelos degraus do metrô por policiais fortemente armados, e outras foram detidas. Para se justificar, a Chefia de Polícia de Paris denunciou um "ambiente hostil às forças da ordem", e a secretária de Estado da Igualdade entre Homens e Mulheres, Marlène Schiappa, depois de ter tuitado que "Todas as mulheres devem poder se manifestar pacificamente para exigir que seus direitos sejam respeitados!", acrescenta, para justificar a intervenção da polícia:

> Estamos falando de uma manifestação noturna, organizada por grupos antifascistas, anticapitalistas e feministas que decidiram

dela. Ver: "'Meu marido amputou minhas mãos com um machado': a terrível violência doméstica na Rússia", BBC News Brasil, 18 nov. 2018.
[41] Sobre o mito da liberação da fala, ver "Le Mythe de la libération de la parole". *Paris-luttes.info*, 7 mar. 2020.

fazer uma manifestação noturna. [...] O relatório requisitado pelo ministro do Interior indica que o percurso da manifestação não teria sido respeitado, e foi isso que ocasionou os fatos em questão.[42]

De modo oposto, a marcha do 8 de março em Paris foi apresentada como pacífica e, portanto, respeitável. Qualquer que seja a verdade dessa qualificação, é certo que a repressão da manifestação feminista do 7 de março foi justificada pela polícia e pelo governo, enquanto a marcha do 8 de março, que se enquadra no âmbito dos "direitos das mulheres" e, por isso mesmo, apaga o caráter revolucionário histórico de uma "jornada internacional das lutas das mulheres", é aceitável. A distinção entre feminismo antifascista e anticapitalista, por um lado, e feminismo dos direitos das mulheres, por outro, é aqui explicitada, sendo este último considerado conveniente, pois não ataca de frente o capitalismo, mas *um* patriarcado machista, retrógrado e antimoderno. A respeitabilidade exige muita maquiagem, muita capacidade de suportar a humilhação. Tenhamos a certeza de que as declarações indignadas contra as desigualdades que assolam as mulheres não se traduzirão em um ataque ao capitalismo racial. Lembremos que a aplicação da legislação protetora das mulheres do período do Estado social na Europa não transformou a divisão generificada e racializada do trabalho.[43] Lutar contra a violência é, evidentemente, exigir com urgência que o Estado financie abrigos, mas isso não pode representar os objetivos de

---

[42] Anthony Berthelier, "Marlène Schiappa a été 'choquée' par les images de la marche des femmes, mais...". *HuffPost*, 8 mar. 2020.
[43] Johanna Brenner e Maria Ramas, "Repenser l'oppression des femmes. Capitalisme, reproduction biologique, travail industriel, structures familiales, État-providence: un débat avec Michèle Barrett". *Europe Solidaire sans Frontières*, 1º mar. 1984.

um feminismo decolonial antirracista. Nesta obra, expressei, com insistência, minha pouca confiança na máquina estatal e judiciária para garantir uma proteção. Escutemos Angela Davis:

> Como podemos esperar que o Estado resolva o problema da violência contra as mulheres quando ele constantemente recapitula sua própria história de colonialismo, racismo e guerra? Como podemos pedir ao Estado para intervir quando, na verdade, suas forças armadas sempre praticaram estupros e espancamentos contra as mulheres inimigas? Na realidade, a violência sexual e íntima contra as mulheres foi uma tática militar central de guerra e dominação. Ainda assim, a abordagem do Estado neoliberal consiste em incorporar as mulheres a essas agências de violência, em integrar as forças armadas e a polícia.[44]

O fato de o feminicídio e a violência sistêmica estarem agora no coração das manifestações e das reflexões atuais mostra que é cada vez mais aceita a ideia de imbricações entre racismos, sexismo, transfobia, homofobia, violência de classe e destruição sistemática do meio ambiente necessário à vida humana. O que fazer, então? Exigir do Estado o que ele nos deve, mas sem perder nossa autonomia; colocar nossas condições quando conversarmos com as instituições; botar fogo, botar desordem; educar-nos coletivamente (educação! educação! educação!); ser solidárias a todas as lutas por libertação; cultivar a amizade e o amor revolucionários.[45]

---

44 A. Davis, "The Color of Violence against Women: Keynote Address at the Color of Violence Conference in Santa Cruz". *Colorlines*, v. 3, n. 3, 10 out. 2000.
45 As feministas negras e autóctones construíram, por meio de livros, manifestos e intervenções artísticas, uma teoria do amor revolucionário

O furor da violência se tornou insuportável.[46] O que Achille Mbembe chama de "brutalismo"[47] se tornou a lei de ferro que rege a condição humana. Essa lei exige que estejamos constantemente em estado de alerta, tensos/as, que nos fechemos "em casa", assombrados/as pelo medo da invasão, aterrorizados/as pelo inesperado, aceitando a calma que nos é oferecida às custas das vidas cuja dignidade lhes é recusada. Uma das consequências da guerra é empurrar mulheres e homens para os caminhos do exílio, numa corrida permanente em busca de um lugar onde encostar a cabeça, fechar os olhos com confiança e ter um momento de paz. Falar de direito a uma vida sossegada em um mundo de violência poderia soar ingênuo e não realista, pois a guerra foi naturalizada, e a paz, reduzida a um episódio entre dois momentos de violência, a uma negociação entre exércitos e Estados, a um "cessar fogo", enquanto a mídia, por sua vez, normalizou os bombardeios, a criminalização da in-

---

que enfatiza sua força como prática política. Dos anos 1980, ver Cherrie Moraga e Gloria Anzaldua (orgs.), *This Bridge Called My Back: Writings by Radical Women of Colour*. Kitchen Table: Women of Color Press, 1981; Gloria Hull, Patricia Bell Scott e Barbara Smith (org.), *All the Women Are White, All the Blacks Are Men, but Some of Us Are Brave: Black Women's Studies*. New York: Feminist Press, 1982. Mais recentemente, ver Jennifer Nash, "Practicing Love: Black Feminism, Love-Politics, and Post-Intersectionnality". *Meridians*, v. 11, n. 2, 2011; e Keri Day, *Religious Resistance to Neoliberalism*. New York: Palgrave Macmillan, 2016, especialmente o capítulo "Love as a Concrete Revolutionary Practice". Na França, é a obra de Houria Bouteldja, *Les Blancs, les Juifs et nous: vers une politique de l'amour révolutionnaire* (Paris: La Fabrique, 2016) que introduz essa noção no debate político.

46 Aurélie Arnaud, "Féminisme autochtone militant: quel féminisme pour quelle militance?". *Nouvelles Pratiques Sociales*, 2014, v. 27, n. 1.
47 Achille Mbembe, *Brutalisme*. Paris: La Découverte, 2020.

fância,[48] os mortos sem sepultura, as cidades em ruínas, as pessoas refugiadas, perseguidas e tratadas como população excedente. O direito a uma vida sossegada não significa uma vida sem alegria e sem fervor, mas a capacidade de exercer sua imaginação, de sonhar, de se entregar a uma atividade sem finalidade específica ou que demande tempo e paciência. Não por acaso, um dos meios de tortura é justamente impedir o repouso. Esse *direito ao repouso* é combatido pelos Estados, que declaram guerra até aos gestos mais singelos da relação sossegada entre seres humanos: oferecer água, oferecer comida, socorrer os/as feridos/as, mostrar o caminho certo, salvar de um afogamento. Mais do que abrigos, é esse direito ao repouso, a uma vida sossegada, que devemos desenvolver contra a violência. É preciso ousar sonhar com uma vida sossegada. "Sossego", aqui, não quer dizer pacificação nem apaziguamento, mas uma política e uma prática da solidariedade, do amor e da autodefesa. É uma forma de vida que não impede o sentimento de raiva contra as injustiças e o racismo, mas que desenvolve o amor-próprio e o amor revolucionário. Uma consciência aguda da violência do Estado, do peso do colonialismo e do racismo sobre corpos e consciências, bem como da importância de *toda* forma de luta, por "menor" que seja, é o motor de um feminismo decolonial. Esse feminismo nunca minimiza a coragem necessária para recusar as ofertas de respeitabilidade por parte do Estado – que, por sua vez, propõe uma única porta

---

[48] Ver os estudos sobre a criminalização da infância na Palestina; sobre o fato de que os rapazes e as moças negras são sempre percebidos/as e julgados/as como mais velhos pela polícia e pelo tribunal nos Estados Unidos; e, no âmbito da República Francesa, ver os estudos sobre o tratamento das crianças rom, migrantes e refugiadas (menores isolados/as) em Mayotte ou na Ilha da Reunião.

de saída da colonialidade do ser e do desprezo racista: usar a máscara branca. Esse aprendizado do tempo longo da luta, sua forma de respiração, sua paciência e sua determinação, sua violência e sua generosidade, é o que guia autenticamente nosso feminismo decolonial.

Violências de Estado / Defesa autônoma

A construção de um mundo sossegado não implica, de modo algum, a passividade. A resposta das feministas mexicanas à violência de Estado no 8 de março de 2020[49] – jogando coquetéis molotov na residência do presidente, enfrentando a polícia –; a manifestação feminista do 7 de março em Paris aos gritos de "A festa acabou, as feministas estão de saída", "Nos levantamos, nos insurgimos";[50] a raiva legítima dos bairros populares na França em resposta às violências policiais em abril de 2020; a organização das manifestações no Chile, de novembro de 2019 a março de 2020, com membros do coletivo Primera Línea protegendo as manifestantes dos ataques da polícia, sob a palavra de ordem "Nunca más sin nosotras" (Nunca mais sem nós [mulheres]); as táticas das grandes manifestações na Argélia, no Líbano, na França – tudo isso indica uma compreensão profunda de que a não violência institucionalizada e a política da respeitabilidade não protegem. Não é que a brutalidade institucional tenha simplesmente aparecido no curso dos últimos

---

[49] "'This Is Our Everyday Mexico': Brutal Murders of Women and Girl Fuel Mass Protests". CBC, 21 fev. 2020; "International Women's Day: Clashes mar Mexico City march". BBC, 9 mar. 2020.
[50] "Que Sait-on de l'Intervention policière lors de la manifestation féministe nocturne à Paris?". *Libération*, 8 mar. 2020.

meses, mas está cada vez mais evidente que o Estado não busca proteger cidadãos e cidadãs. Sem a Primeira Línea, a violência do Estado chileno teria sido mais mortífera, declara a militante Ale Bórquez Bravo: "Sem eles, não teríamos tido ganhos no passado e não teríamos podido mobilizar um número tão grande de pessoas".[51] Enfrentar as violências contra as mulheres é enfrentar a violência consubstancial do Estado e do capitalismo que mantém a impunidade das violências contra as mulheres e pessoas racializadas. O confinamento tornou visível, como se fosse necessário, o fato de que a casa não é um refúgio – em todos os países, houve um aumento das ligações denunciando violências (na França, um crescimento de 30%; na Inglaterra, dezesseis mulheres foram assassinadas por um homem de quem eram próximas entre o fim de março e meados de abril). Mas, se essas violências podem acontecer em qualquer casa, burguesa ou pobre, as moradias das classes populares – precárias, estreitas e abandonadas pelos poderes – contribuem para que ocorram.

Nesta era da violência sistemática e globalizada, o feminismo de Estado, civilizatório, desempenha o papel de ideologia pacificadora que visa romper o elã de raiva das mulheres. Assim como compreendemos a importância do "salário da branquitude",[52] agora entendemos também a importância do "salário do

---

[51] Syrine Attia, "Front-line Activists 'Primera Linea' Protect Chile's Protesters, but Some Criticize their Methods". *The Observers*, 3 jan. 2020.
[52] David Roediger, *The Wages of Whiteness: Race and the Making of the American Working Class*. New York: Verso, 2007. "O 'salário da branquitude', a um só tempo sistema de privilégios reais e ilusão da qual os brancos pobres se apropriam, mantido pelas classes dominantes, continua estruturando a dominação racial e econômica nos Estados Unidos", diz o resumo da obra. Sobre a França, ver Rafik Chekkat e Emmanuel Delgado

feminismo" branco, burguês, civilizatório e estatal, que garante ao mesmo tempo os privilégios e a ilusão de importar, de ter conquistado um pequeno lugar entre os poderosos – lembrando que os poderosos só concedem esse lugar com a condição de a sua existência não ser colocada em jogo. Esse salário contribui para a estruturação da dominação racial e econômica. Esse feminismo, que faz do Estado sinônimo de segurança e proteção, estimula a reivindicação por mais leis penais e, portanto, inevitavelmente, por mais polícia e mais prisões, pois o conceito de justiça do Estado patriarcal e capitalista está fundado na punição. O feminismo estatal consegue com muita propriedade dissimular sua participação nos dispositivos de dominação, mas, "se nos recusarmos a pensar os modos especificamente femininos de assimilação [e de tomada] do poder, seremos incapazes de compreender como as forças conservadoras podem usar as reivindicações identitárias em seu benefício".[53] As feministas civilizatórias desempenham o papel eficaz de administradoras neocoloniais. Os poderosos, imunizados contra os apelos à consciência, às vezes fazem concessões, mas esse recuo nunca é causado pelas políticas de respeitabilidade. Ou eles têm medo, ou o progresso não lhes custa nada, ou farão de tudo para que as instituições não garantam a eficácia das leis aprovadas, ou, ainda, sabem que a ideologia sexista e racista do capitalismo predominará em detrimentos das leis aprovadas.[54] Apenas a luta faz o poder recuar.

Hoch, *Race rebelle*. Paris: Syllepse, 2011; e Félix Boggio Éwanjé-Épée e Stella Magliani-Belkacem (orgs.), *Race et capitalisme*. Paris: Syllepse, 2012.
53 C. Fusco, *Petit Manuel de torture à l'usage des femmes soldats*, op. cit., p. 95.
54 J. Brenner e M. Ramas ("Repenser l'oppression des femmes", op. cit.) mostraram que as leis europeias que protegem as mulheres no mundo

Poderíamos assim rever a narrativa da epopeia das manifestações dos movimentos feministas europeus nos anos 1960--1970. Sem negar a determinação das mulheres que delas participaram, a questão seria não negligenciar nem a contribuição dos grupos feministas radicais nem aquela, fundamental, das feministas racializadas do Norte e das feministas do Sul global, que, com suas lutas por uma libertação total, preocuparam os poderosos e a supremacia branca. Essas feministas, que sempre distinguiram entre a violência da opressão e a violência da libertação, e que sempre souberam distinguir entre a violência do patriarcado supremacista branco e o machismo em suas comunidades, sabem que enfrentar o Estado que espalhou um pesticida que envenena terra, animais, plantas e humanos, o Estado que militariza o espaço público, que incumbe as milícias privadas de fazer prevalecer a sua ordem, é enfrentar também as violências contra as mulheres. Enfrentar essas violências é enfrentar o exército e sua política de estupro, é enfrentar as revistas, instituições culturais, universidades e escolas que continuam colocando em circulação imagens e representações racistas e sexistas. É se aliar a homens, pessoas não binárias, *queer* e trans que combatem o virilismo e o racismo. É se aliar a feministas que se comprometem inteiramente com um trabalho de decolonização e desracialização de suas teorias e práticas. Na França, são os jovens dos bairros populares, com o

---

do trabalho não atenuaram a divisão do trabalho por gênero. Duas obras que lançam luz sobre o emaranhado de opressões que não são atenuadas pelas leis progressistas dos direitos das mulheres: Hicham Houdaïfa, *Dos de femme, dos de mulet: les oubliées du Maroc profond*. Casablanca: En Toutes Lettres, 2015; Chadia Arab, *Dames de fraises, doigts de fée: les invisibles de la migration saisonnière marocaine en Espagne*. Casablanca: En Toutes Lettres, 2018.

apoio de suas famílias, comunidades e associações, em geral presididas por mulheres racializadas (coletivo Urgence Notre Police Assassine [Urgência nossa polícia assassina]; comitê Pour Adama [Por Adama]), que, ao enfrentarem com coragem a polícia militar, assustam o Estado e mostram que a violência e a brutalidade desse mesmo Estado são estruturais. São as mulheres negras e racializadas que fazem greve, criam coletivos, organizam manifestações, combatem de frente o racismo e o capitalismo, amedrontam o feminismo universalista e estatal. A questão não é ser a favor da violência ou da não violência, mas recusar a condenação burguesa da violência dos/as oprimidos/as e promover uma multiplicidade de táticas e, consequentemente, a flexibilidade e a autonomia das lutas.[55] Se há algo que podemos aprender com as violências sistêmicas que precederam as políticas de confinamento decretadas no início de 2020 e com o agravamento mundial das desigualdades e injustiças raciais, de gênero, sexo, idade e classe, é que vivemos em uma época na qual é impossível escapar da explosão incontrolável de violência produzida pela ganância, pela cobiça e pelo poder, exceto se nos organizarmos com aqueles e aquelas que não têm nada a perder.

---

[55] Sobre o debate violência / não violência, ver: Starhawk, *Webs of Power: Notes from the Global Uprising*. Philadelphia: New Society, 2002; Peter Gelderloos, *Como a não-violência protege o estado* [2005], trad. Coletivo Protopia S.A. Porto Alegre: Deriva, 2011.

Sobre a autora

FRANÇOISE VERGÈS nasceu em 1952, em Paris, França. Cientista política, historiadora, ativista e especialista em estudos pós-coloniais, Vergès cresceu na Ilha da Reunião (França), morou na Argélia, no México, na Inglaterra e nos Estados Unidos. Graduou-se em Ciências Políticas e Estudos Feministas na San Diego State University (1989). PhD em teoria política pela University of California, Berkeley (1995), publicou sua tese *Monsters and Revolutionaries: Colonial Family Romance and Métissage* [Monstros e revolucionários: o romance da família colonial e a mestiçagem] pela Duke University Press em 1999. Lecionou na Sussex University e na Goldsmiths College, ambas na Inglaterra. De 2009 a 2012, presidiu o comitê nacional francês de preservação da memória e da história da escravidão. Entre 2014 e 2018, foi titular do programa Global South(s) no Collège d'Études Mondiales da Fondation Maison des Sciences de l'Homme (FMSH). Publicou diversos artigos sobre Frantz Fanon, Aimé Césaire, abolicionismo, psiquiatria colonial e pós-colonial, memória da escravidão, processos de crioulização no oceano Índico e novas formas de colonização e racialização. Trabalha regularmente com artistas, tendo sido coautora dos documentários *Aimé Césaire face aux révoltes du monde* [Aimé Césaire em face das revoltas do mundo] e *Maryse Condé: une voix singulière* [Maryse Condé: uma voz singular], ambos dirigidos por Jérôme-Cécil Auffret, e consultora curatorial da *Documenta11* (2002) e da *Paris Triennale* (2012). Organizou as exposições *L'Esclave au Louvre: une humanité invisible* [O escravo no Louvre: uma humanidade invisível], no Museu do Louvre, em 2013, além de *Dix Femmes puissantes* [Dez mulheres poderosas], em 2013, e de *Haïti: effroi des oppresseurs, espoir des opprimés* [Haiti: medo dos opressores, esperança dos oprimidos], em 2014, ambas para o Mémorial de l'Abolition de l'Esclavage, em Nantes.

OBRAS SELECIONADAS

Un féminisme décolonial. Paris: La Fabrique, 2019 [ed. bras.: *Um feminismo decolonial*, trad. Jamille Pinheiro Dias e Raquel Camargo. São Paulo: Ubu Editora, 2020].

Le Ventre des femmes: capitalisme, racialisation, féminisme. Paris: Albin Michel, 2017.

Exposer l'Esclavage: méthodologies et pratiques. Paris: Africultures, 2013.

L'Homme prédateur: ce que nous enseigne l'esclavage sur notre temps. Paris: Albin Michel, 2011.

Ruptures postcoloniales, em coautoria com Nicolas Bancel, Florence Bernault, Pascal Blanchard, Ahmed Boubeker e Achille Mbembe. Paris: La Découverte, 2010.

Monsters and Revolutionaries: Colonial Family Romance and Métissage. Durham: Duke University Press, 1999.

Título original: *Une Théorie féministe de la violence: pour une politique antiraciste de la protection*
© La Fabrique Éditions, 2020
© Ubu Editora, 2021

IMAGEM DA CAPA © Emory, Douglas / AUTVIS Brasil, 2021.
EDIÇÃO Bibiana Leme
PREPARAÇÃO Maria Elaine Andreoti
REVISÃO Gabriela Naigeborin
TRATAMENTO DE IMAGEM Carlos Mesquita

EQUIPE UBU
DIREÇÃO EDITORIAL Florencia Ferrari
COORDENAÇÃO GERAL Isabela Sanches
DIREÇÃO DE ARTE Elaine Ramos, Lívia Takemura (assistente)
EDITORIAL Gabriela Naigeborin, Júlia Knaipp (assistentes)
DIREITOS AUTORAIS Júlia Knaipp
COMERCIAL Luciana Mazolini, Anna Fournier (assistente)
CRIAÇÃO DE CONTEÚDO / CIRCUITO UBU Maria Chiaretti, Walmir Lacerda (assistente)
GESTÃO SITE / CIRCUITO UBU Beatriz Lourenção
DESIGN DE COMUNICAÇÃO Júlia França, Lívia Takemura
ATENDIMENTO Jordana Silva, Laís Matias
PRODUÇÃO GRÁFICA Marina Ambrasas

Nesta edição, respeitou-se o novo
Acordo Ortográfico da Língua Portuguesa.

UBU EDITORA
Largo do Arouche 161 sobreloja 2
01219 011 São Paulo SP
ubueditora.com.br
professor@ubueditora.com.br
/ubueditora

Cet ouvrage, publié dans le cadre du Programme d'Aide à la Publication année 2021 Carlos Drummond de Andrade de l'Ambassade de France au Brésil, a bénéficié du soutien du Ministère de l'Europe et des Affaires étrangères, ainsi que des Programmes d'aides à la publication de l'Institut Français.

Este livro, publicado no âmbito do Programa de Apoio à Publicação ano 2021 Carlos Drummond de Andrade da Embaixada da França no Brasil, contou com o apoio do Ministério francês da Europa e das Relações Exteriores e do apoio à publicação do Institut Français.

AMBASSADE DE FRANCE AU BRÉSIL
*Liberté
Égalité
Fraternité*

INSTITUT FRANÇAIS

Dados Internacionais de Catalogação na Publicação (CIP)
Elaborado por Vagner Rodolfo da Silva – CRB-8 / 9410

V496t Vergès, Françoise [1952–]
    Uma teoria feminista da violência / Françoise Vergès; traduzido por Raquel Camargo – Título original: *Une théorie féministe de la violence.*
    São Paulo: Ubu Editora, 2021. 160 pp.
    ISBN 978 65 86497 62 5

1. Feminismo. 2. Política. 3. Ciências sociais. 4. Filosofia.
I. Camargo, Raquel. II. Titulo

2021–3217   CDD 305.42 CDU 396

Índice para catálogo sistemático:
1. Feminismo 305.42
2. Feminismo 396

FONTES Karmina e Pirelli
PAPEL Pólen soft 80 g/m²
IMPRESSÃO Margraf